超訳

自省録

よりよく生きる

Τὰ εἰς ἑαυτόν

Marcus Aurelius Antoninus

マルクス・アウレリウス
佐藤けんいち 編訳

Discover
ディスカヴァー

超訳　自省録 よりよく生きる

はじめに

ローマ皇帝マルクス・アウレリウスと『自省録』について

マルクス・アウレリウスは、紀元2世紀に生きた実在のローマ皇帝だ。そして『自省録』は、彼が激務のかたわら就寝前につけていた「瞑想記録ノート」である。彼はまた、古代ギリシアにはじまるストア派最後の哲学者とされている。

皇帝としてのマルクス・アウレリウス

マルクス・アウレリウス・アントニヌス（紀元121～180年）は、第16代のローマ皇帝として「五賢帝」の最後に位置づけられている。五賢帝とは、ネルウァ、トラヤヌス、ハドリアヌス、アントニヌス・ピウス、マルクス・アウレリウスと続く5人の皇帝のことだ。いずれも内政においては善政をほどこし、外政においても地中海帝国としてのローマ帝国の最盛期を実現した。

当時のローマ帝国の人口は、約6000万人強（紀元前25年時点）と推定されている。マルクス・アウレリウス帝の先々代にあたるハドリアヌス帝時代には、首都ローマの人口は100万人に達していた。最高責任者として、その頂点に立つのがローマ皇帝であった。皇帝の職務がいかに重責であったかが理解されよう。

ローマ市民にとって最高の娯楽であった剣闘士（グラディエーター）の試合では、皇帝の義務として観戦している最中にも未決済の書類を読んでおり、市民から笑われていたという。そんなエピソードがあるくらい、きまじめで仕事熱心であったらしい。

だが、五賢帝の最後となったマルクス・アウレリウスが39歳で即位したとき、すでにローマ帝国は全盛期を過ぎており、衰退の影が見え始めていたのである。洪水や大地震などのあいつぐ天災、戦地から兵士たちが持ち帰った感染症の蔓延（天然痘だとされている）、東方では大国パルティア王国との戦争、北方からの蛮族ゲルマン人の侵攻、そしてシリア属州においては信頼していた将軍の反乱など、さまざまな問題が押し寄せてきたのであった。

次々と押し寄せてくる問題の解決に奔走し、朝から晩まで激務に追われていたマルクス・アウレリウスだが、帝国を北方から脅かすゲルマン人との戦闘にかんしては、住み慣れて快適なローマから遠隔操作していたのではない。ほんとうは哲学者になりたかったマルクス・アウレリウスは、平和愛好家であったにもかかわらず、50歳代になっていた晩年の10年間の大半を戦地で過ごしている。自分自身が軍隊を指揮するわけではないが、最高責任者が「現場」にいることが将兵の士気向上につながると確信していたからだ。そんなところにも、誠実できまじめな性格が表れているといっていいだろう。

前線に設置されたドナウ河畔の陣中で書き続けていたのが『自省録』だ。だが、過酷な環境においての激務で神経をすり減らし、食も細っていた彼は、ドナウ河畔の陣中で病没する。享年59歳であった。

映画化されてヒットした『テルマエ・ロマエ』の原作は、ヤマザキマリによるマンガ作品（2008～2013年）であるが、哲学に心を奪われていた青年時代のマルクス・アウレリウスが登場する。まだヒゲを生やしていない、目の澄んだ若々しい青年として、主人公ルシウス（架空の人物）とかかわりあう設定になっている。時代背景は、マルクス・アウレリウスに目を掛け、後継者としていたハドリアヌス帝の治世だ。

ハリウッド映画『グラディエーター』（米国、2000年製作公開）には、リチャード・ハリスが演じる最晩年のマルクス・アウレリウスが、遠征先の戦地でオイルランプの火をたよりに瞑想し、『自省録』を執筆しているシーンがある。

『テルマエ・ロマエ』も『グラディエーター』もともにフィクションであり、事実関係は大幅に脚色しているが、マルクス・アウレリウスの人物を映像や画像をつうじて感じ取るには参考になるかもしれない。

『自省録』の著者としてのマルクス・アウレリウス

『自省録』の原文は、ギリシア語で書かれている。原題の「タ・エイス・ヘアウトン」とは、「彼自身のために」という意味だ。人に読ませるためではなく、あくまでも自分のために書き続けた「瞑想記録ノート」なのである。読者をまったく想定していない私的な文書なのである。しかも、このギリシア語のタイトルさえ自分自身でつけたものかどうかも不明だ。全12巻の構成じたい、いつそうなったのかも不明だ。そもそも、なぜこの記録ノートが廃棄されることなく筆写され、伝承されてきたのかも、ほんとうのところはよくわかっていない。

当時のローマ帝国の支配階級にとって、その支配下にはいったバルカン半島のギリシアは教養の源泉とみなされており、ギリシア語は教養言語と位置づけられていた。明治時代前半までの日本人にとっての漢文のようなものといっていいかもしれない。マルクス・アウレリウス自身も、子どもの頃から母語のラテン語のほか、ギリシア人の教師たちから、ギリシア語でさまざまな教育を受けている（＊詳細は『自省録』の第一巻に回想されているが、本書では割愛した）。

ある意味では、マルクス・アウレリウスは、昼はラテン語世界、夜はギリシア語という「二つの世界」に生きていたといえよう。前者は、「役割」として演じていたローマ皇帝の公務で使用していたラテン語、後者は「隠れ家」であり「本当の自分」の世界とみなしていたギリシア語である。哲学が生まれたのは古代ギリシアであり、哲学用語を駆使するにはギリシア語のほうが都合よかったということもあるだろう。彼は、異なる二つの世界を行き来していたのである。

日本語では、『自省録』というタイトルが定着してきた。精神科医で『生きがいについて』（みすず書房、1966年）という名著で知られる神谷美恵子氏による翻訳が、1956年に岩波文庫に収録され、現在に至るまで長年にわたって読み継がれてきたからだ。『自省録』というタイトルはじつにすばらしい。私もこの翻訳で読んできた一人だ。

だが、英語圏では『Meditations』というタイトルで普及していることにも注意を向けておきたい。「メディテーション」とは「瞑想」のことだ。まさにその通りであって、マルクス・アウレリウスは、朝晩の瞑想のなかで自省し、就寝前の瞑想で自分自身と行った対話をメモとして書き残したのである。文中での「君」という呼びかけは、「自分の分身」が「自分自身」に対して呼びかけているものだが、「理想」を追い求めていた青年マルクス・アウレリウスが、「現実」のなかで苦悩する中年マルクス・アウレリウスを叱咤しているのだと考えていいかもしれない。

しかも、瞑想を行うだけでなく、文字として「書く」ことが重要であった。これはマルクス・アウレリウスだけでなく、先行するエピクテートスやセネカといったストア派の哲学者に共通しており、「書く」ことは「スピリチュアル・エクササイズ」（＝精神修行）として行われていたのである。「書く」ことはアウトプットであり、その意味については、のちほどまた触れることにしたい。

日本人にもなじみの深い内容

哲学というと敬遠しがちな人にも、ストア派の哲学は受け取りやすいのではないかと思う。なぜなら、実際に読んでみると気づかれると思うが、日本人にもなじみ深い内容が語られているからだ。

「すべてが瞬間ごとに変化していること」（＝無常）や、「すべてがつながっていること」（＝縁起）を強調したブッダの思想にも通じるものがあり、「いま、ここ」に集中するべきと説く禅仏教や上座仏教がルーツの「マインドフルネス」を連想させるものがある。老子や荘子などの老荘思想が説く「タオ」（＝道）にも通じる自然観がある。しかも、21世紀の現在にも通じる宇宙観がある。

「仕方ない」ということばに体現された、きわめて日本的な運命受容と肯定の思想を見いだすこともできる。「武士道と云ふは死ぬ事と見つけたり」という『葉隠』の思想を想起する人もいるだろう。個人的には、『生き方——人間として一番大切なこと』（サンマーク出版、２００４年）というミリオンセラーの著者で京セラの創業者でもある稲盛和夫氏や、合気道開祖の植芝盛平翁の思想を連想させるものがあると感じている。このほか、日本人の思想に近いものが多くあると思うので、みなさんもぜひ、そんな観点から読んでみるといいと思う。

マルクス・アウレリウスの時代は、キリスト教が公認される以前の時代であり、『自省録』にはキリスト教の影響は皆無といっていい。つまり、ストア派の哲学は、キリスト教が受け入れられる以前の「実践哲学」であった。だが、そうであるにもかかわらず、西欧のキリスト教世界で受け入れられてきたのは、ストア派の「実践哲学」がキリスト教徒にとっても有用だとみなされたからだろう。

激動の時代に迷える者の指針となる「実践哲学」

西欧世界では、『自省録』は写本をつうじて、ほそぼそとではあるが読み継がれてきたようだ。だが、本格的に注目を浴びるようになったのは、16世紀半ばにスイスのチューリヒで原文のギリシア語とラテン語の対訳版として活字化されて以降のことだ。激動期の17世紀には、「新ストア主義」として『自省録』を含めたストア派哲学がリバイバルしている。

熱心な愛読者としては、17世紀スウェーデンのクリスティナ女王や、18世紀プロイセンのフリードリヒ2世をあげることができる。クリスティナ女王は、フランスの哲学者デカルトをスウェーデンに招致したことでも知られているが、プラトンが説いた「哲人王」を理想としていた。「ウェストファリア条約」（1648

年）の締結を促進し、キリスト教徒どうしが血で血を洗う「宗教戦争」を終わらせるにあたって多大な貢献をしている。啓蒙専制君主であり、軍事の天才であったフリードリヒ大王は、『自省録』を自分の愛馬の鞍のポケットに入れ、戦場にはつねに持参していたのだという。

19世紀の「産業革命」以降の欲望全開時代には、マルクス・アウレリウスだけでなく、ストア派全体の人気は下火になっていたが、世界が激動期に入ってきた1970年代以降、ふたたび熱心に読まれるようになってきた。ストア派の実践哲学が、混迷する情況に生きる迷える者たちの指針となることが再発見されたからだ。

そのなかでも著名な愛読者としてあげるべきなのは、南アフリカのネルソン・マンデラ元大統領や、米国のビル・クリントン元大統領、トランプ政権の国防長官だったマティス海兵隊退役大将（2018年12月末に解任）などだ。かれらの出処進退を見れば、『自省録』がどのように影響しているかよく理解できることだろう。

南アフリカで人種差別のアパルトヘイトと戦い投獄されたマンデラ氏は、獄中に差し入れられた『自省録』を繰り返し熟読したのだという。27年間にも及んだ獄中生活から解放後に南アフリカの大統領に選出された際には、怒りではなく和解こそが重要だと理解したうえで、人種間の壁を越えた国民和解に努めた人であった。クリントン元大統領は、大統領退任後には1年に1回はかならず読み直しているとインタビューで語っている。マティス米海兵隊退役大将は、「マッドドッグ」や「戦う修道士」という異名をもつ人だが、ペルシア湾やイラク、アフガニスタンでの任務の際には、つねに持参していたという。

現在の米国では、ベストセラー作家でメディア戦略家のライアン・ホリデイ氏によって、ストア派哲学の大衆化と普及が活発に行われており、シリコンバレーの起業家たちやアスリートたちのあいだでは、ストア派哲学の心酔者が増えているという。他人に振り回されることなく自分自身のことに専念し、目標に向けてセルフコントロールするマインドセットをつくりあげるうえで、ストア派哲学が大いに役に立つからである。それが、本当の意味でストイック（＝ストア派的）な生き方なのだ。

「書くエクササイズ」は「セラピー」でもある

『自省録』は、「書く」という「スピリチュアル・エクササイズ」（＝精神修行）として実践されたものであることはすでに記したとおりだ。就寝前の瞑想で一日の振り返りを行い、胸中の思いに対して自問自答し、最後に結論として自分を戒め、自分を叱咤激励することばを書く。このプロセスがセルフセラピー（＝自己治癒）にもなっていることが、本文を熟読していると理解されることだろう。

おしゃべりであれ、日記に書くのであれ、なんらかの形で内面の思いを吐き出すことはデトックスであり、精神衛生上よいことは言うまでもない。そして自問自答と決意表明の内容を書き終えたあとは安心して就寝し、翌朝に目が覚めたら再び活力に満ちた状態で仕事に専念する。マルクス・アウレリウスもまた、そんな日々を繰り返し送っていた生身の人間であった。

本文を読んでいると気がつくと思うが、似たような内容が表現を変えながら、何度も繰り返し登場する。おなじような内容が多くあるということは、その都度、決意表明をしながらも、あらためてそうし直さなければならなかったことを意味している。厳しすぎる内容だと思う読者も少なくないと思う。だが、決意表明をしても、現実生活では実現できなかったことが多かったのではないだろうか。

マルクス・アウレリウス没後のことだが、帝位を継いだ長男のコンモドゥス帝が暴君となってしまったのは、その姉、つまりマルクス・アウレリウスの実の娘による暗殺未遂事件に大きなショックを受けたためだとされる。実の子どもたちでさえ、自分の意のままにならないのが人間の性《さが》であり、マルクス・アウレリウス自身もまた、その例外ではなかったのである。

つまり、マルクス・アウレリウスは「哲人皇帝」ではあったが、けっして聖人君子ではなかったのである。生身の人間だったのである。だからこそ、この本は聖人の教えとして読むべきではない。生身の人間であったマルクス・アウレリウスの肉声を聞き取ってほしいと思う。約2000年の時空間を超えて、現代に生きる人間にも響くものがあるはずだ。

編訳方針について

この本では、全体で４８７章ある長短さまざまな文章から、現代に生きる人にとって意味をもつと思われる２３１章をセレクトして翻訳した。意味がよく伝わるように、原文にはない表現を補い、逆に削除している箇所もある。翻訳にあたっては、参考文献にあげた日本語訳と英訳には、たいへんお世話になった。

セレクトした文章にかんしては、可能な限り全文を収録するようにした。すでに見てきたように、『自省録』のスタイルは、結論が先にあるわけではないからだ。そのかわり、原文にはない「小見出し」を内容要約としてつけ、内容別に配列し直している。

できれば、みなさんにも「書くエクササイズ」をやってみてほしいと思う。アウトプットすることによって、自分の思いが整理され沈静化されるだけでなく、再び明日への活力も生み出されることになるだろう。「人生は短く、いつ死ぬかわからない」。だからこそ、過去でも未来でもない、「いま現在」を生きる気持ちが湧いてくるはずだ。それが本書全体を貫くメッセージでもある。

では、さっそくマルクス・アウレリウス自身のことばを読んでみよう。どのページからでもいい、見開いたページを読んでみる。そして自問自答してみるといい。「君」という呼びかけが、読者である「あなた」自身に向けた呼びかけと思うようになるまで。

2019年1月　佐藤けんいち

超訳　自省録　よりよく生きる　目次

Ⅱ 運命を愛せ

III 精神を強く保て

Ⅳ 思い込みを捨てよ

V 人の助けを求めよ

VI 他人に振り回されるな

Ⅶ 毎日を人生最後の日として過ごせ

Ⅸ 死を想え

（　）内は巻と章を示す。
例：（4－1）は、（第四巻一章）

I

「いま」を生きよ

001

時は過ぎ去り二度と戻ってこない

思い起こしてみよう。君はいったい、どれだけ前からずるずると引き延ばしてきたのか？　なんども機会をあたえてもらいながら、それを有効に使ってこなかったのではないか？

もうそろそろ自覚すべきではないだろうか。君がその一部である宇宙とはどんなものであり、君を生み出したパワーがどんなものであるかについて。

そして、君にあたえられた時間は制限つきだ。この限られた時をつかって、心の雲を払いのけ、光を取り戻さなかったなら、時は過ぎ去り二度と戻ってこないだろう。

（2－4）

002

人

人生最後の仕事であるかのように取り組め

いつどの瞬間においても、いま目の前にある仕事には、正確で偽りのない真剣な態度で取り組むこと。優しく、しかも自発的に、正義をもって取り組むこと。ほかのことには気を紛らわさず、人生最後の仕事であるかのように取り組むこと。無目的にも、感情的にも、偽善的にも、自己中心的にも、怒りっぽくもならないように取り組むこと。

充実して敬虔な人生を送るためには、いかにわずかなことで十分かわかるはずだ。神々もまた、それ以上のことは求めていない。

（2―5）

003

人

失われるのは現在のこの一瞬だけだ

たとえ君が三千年、いや三万年生きるとしても覚えておくといい。いま生きているこの人生のほかに失うものはなく、いま失いつつあるこの人生のほかに生きるものはない、ということを。長命だろうが短命だろうが、それは同じことだ。

そして、いまこの「現在」という時は誰にとってもおなじであり、したがってそれを失うこともまた、誰にとってもおなじなのである。失われるのは、現在のこの一瞬だけだ。だから、君は過去を失うことも、未来を失うこともない。

いったい自分がもっていないものを、どうやって失うことができるというのか？

（2－14）

004

人

いま、この現在という瞬間だけが重要だ

誰もがみな、いま、この現在という瞬間だけを生きている。このことだけを堅く守り、それ以外のことはすべて忘れてしまうのだ。

この瞬間以外の人生は、すでに過ぎ去った過去のものか、あるいはいまだ不確かな未来のものだ。

誰にとっても一生は短く、生きているこの世界の片隅もまた小さい。死後に続く偉大な名声もまた、自分のことすらよく知らずに死んでゆくあわれな人間たちが、つぎからつぎへと伝えてゆくものに過ぎないのだ。

（3－10）

005

人

時は流れる川のようだ

時は流れる川のようだ。つぎつぎと生じてくるものが波となった濁流のようなものだ。なにかあるものが見えた瞬間、それは流されてしまう。そしてまた、つぎのものが見えた瞬間、またもや流されてしまう。

（4―43）

006

人

すべては一瞬のできごとにすぎない

つぎのことを繰り返し考えること。いま目の前にあるものごとも、これから生じてくるものごとも、あっという間に通り過ぎ、消え去ってゆく。

この世に存在するものは、絶え間ない川の流れのようであり、その活動はつねに変化し、もろもろの原因もまた無限に変化している。じっと静止しているものはほとんどない。君のそばにも、過去と未来の双方に無限の深淵が開いており、すべてが飲み込まれてゆく。

すべては一瞬のできごとにすぎないのに、こんなことを得意がったり、悩まされたり、みじめになったりするのは、じつに愚かなことではないだろうか。

(5-23)

007

人

この瞬間はあっという間に過去になる

急ぎ生まれてくるものもあれば、急ぎ消え去っていくものもある。生まれつつあるものさえ、その一部分はすでに消滅している。とぎれることのない時間の進行が、無限につづく時代を更新しつづけるように、動きと変化は、たえることなく世界を更新しつづけている。

止まることのないこの流れのなかで、たしかな足場をもたない私たちは、かたわらを急ぎ流れ去っていくもののうち、いったいなにを重視したらいいというのか。

それはあたかも、飛び去りゆくスズメの群れの一羽に恋した人のようなものだ。恋した瞬間にそのスズメはもう視界から消えている。

（6—15）

008

人

コントロールできるのは現在だけだ

私は、小さな肉体と魂で成り立っている。この小さな肉体にとっては、あらゆることは無意味だ。というのは、肉体そのものは違いを認識できないからだ。だが、精神にとっては、精神にかかわる活動だけが意味をもつ。それが精神にかかわる活動であるかぎり、どんなことであっても精神にコントロールされている。

そして、現在にかんすることだけが大事なのだ。というのは、未来や過去の活動は、精神でコントロールできないので、現在の精神活動にとって無意味だからだ。

(6-32)

009

人

いま現在に満足せよ

どこにあっても、どんなときでも、君にできることがある。いま現在の状態に敬虔な気持ちで満足し、周囲にいる人たちにはただしく振る舞うこと。十分に考え尽くしていないことが、いま現在考えていることに忍び込んできた結果、軽率に判断してしまわないよう注意すること。

（7－54）

010

人

心を乱されるな

これまで生きてきて、これからも続いていく全人生のことを考えて、心を乱されることがないように。これからも、さまざまなトラブルに見舞われることになるのだろうなんて考えこんだりするのは、やめたほうがいい。

だが、トラブルに見舞われた際には、いつでもこう自問してみることだ。「このできごとの、いったいなにが耐えがたいのか?」と。こんなことを告白するのは、恥ずかしいことに違いない。

つぎに、こう考えてみることだ。

「未来でも過去でもない、現在だけがわたしの心を圧迫するのだ。その圧迫だって、それだけを切り離してしまえば、どうでもいいほど小さなものになってしまう。しかも、そんなことにすら耐えられないというのであれば、自分の心を叱り飛ばしてやればいいではないか」と。

(8-36)

011

人

人間の一生などほんの一瞬だ

君は、心を悩ます多くの無用なものを取り除くことができる。そういったものは、まったくもって君の思い込みから生みだされたものだからだ。

そして、つぎのようにすれば、広大な空間を自分自身のために確保できる。

まずは、思考で全宇宙を包み込み、永遠の時を熟考すること。あらゆる変化がいかに急速であり、君が生まれてから死ぬまでの時間がいかに短く、誕生前の無限の時間と空間の広大な拡がりが、死後もまたおなじであることを観察すること。

（9－32）

人

形あるものも記憶も、すべて消え去ってゆく

形あるものも、それにまつわる記憶もすべて、この世に存在するものすべてが、あっという間に時空のかなたに消え去ってゆく。五感でとらえることのできるもののすべて、とくに誘惑で引きつけ苦痛で怖がらせ、プライドを大いにくすぐるもの、そのすべてがあっという間に消え去ってゆく。

こうしたものが、いかに愚かで軽蔑すべきもので、汚くて腐りやすいものであるかは、知性の力で理解できることだ。

（2－12）

013

人

いま存在するものが将来の種子になる

ものごとはすべて変化によって生じることを、絶えず観察すること。自然がもっとも愛するのは、いま存在するものを変化させ、それに似せてあらたなものをつくりだすことにある。

いま存在するものはすべて、これから生じようとしているものの種子だ。だが君は、大地や胎内にまかれるものだけを種子だと考えている。じつに浅い考えではないか。もっと深く考えることだ。

（4－36）

014

人

変化しないものは役に立たない

誰が変化を恐れるというのだろうか？　変化することなく、いったいなにが起こるというのだろうか？　宇宙の自然にとって、変化ほど楽しくふさわしいものがほかにあるのだろうか？

燃料のたきぎが変化しなければ、風呂に入ることもできないではないか。食べ物が変化しなければ、栄養にならないではないか。どんなものごとであっても、変化しなければ役に立つことはない。

では、君自身にとっても変化が必要なことが見て取れないのか？　宇宙の自然にとっても変化が必要であるのに。

（7―18）

015

変化こそ自然

喪失*は、変化にほかならない。だが、変化こそ自然にとっては喜ばしいものだ。自然にしたがってこそ、ものごとはすべてうまく回ってゆく。永遠の昔からそうであったし、終わりのない未来にむけてもそうであろう。

では、君はいったいなにを言いたいのだ？

「ものごとはすべて、これまでも悪い方向に向かってきたし、これからもつねにそうだろう。これだけ多くの神々がいるのに、悪しきことを直してくださるパワーがまったくない。世界は、けっして絶えることなく、悪にとらわれる宿命になる」

どうして、そんなことを主張するのだ？

（9－35）

＊喪失：マルクス・アウレリウスは14人の子どものうち8人を失っている。

016

人

まったくあたらしいものなどなにもない

悪とはなんだろうか？　それは、君がしばしば目にしてきたものだ。すべてのできごとについて、「これは、君がしばしば目にしてきたものだ」と、思いだせるようにしておくべきだ。

上を見ても下を見ても、いたるところおなじものを目にすることになるだろう。古代から中世、現在にいたるまで、歴史にはそんな事例がありあまるほどある。現在もまた、都市のなかだろうが、家のなかだろうがおなじことだ。

あたらしいものなど、なに一つとして存在しない。すべてはおなじみのものであり、いずれもつかの間のものにすぎない。

（7−1）

017

人

過去を知れば未来は予見できる

過去を振り返ってじっくり考えてみよ。王朝の栄枯盛衰の繰り返しを。未来を予見することもまた可能だ。というのは、すべてのものごとは現在と確実におなじ形で未来にも登場し、ものごとの移り変わりのリズムから外れることなどないからだ。だから、四十年も人間生活を観察したら十分だろう。一万年も観察しようと、なんら変わりはない。

これ以上いったい、なにを見るというのか？

（7－49）

歴史は繰り返す

いま現在あるものはすべて、過去においてもそうであったということ、そしてまた未来においてもそうであろうということを、たえず考えること。

まったくおなじ筋書きで、まったくおなじ舞台で演じられたドラマを、最初の場面から最後の場面まで目の前に思い浮かべてみることだ。そのドラマは、経験から知ったものであろうが、過去の歴史から学んだものであろうが、たいした違いはない。

たとえば、自分が見聞きした先々代のハドリアヌス帝、先代のアントニヌス帝の宮廷。歴史として学んだマケドニアのフィリポス二世、その息子のアレクサンドロス大王の宮廷。古代ギリシアのクロイソス王*の宮廷。

これらはみな、いま目の前で見ているドラマとおなじであり、違うのはただ主役を演じている役者だけにすぎない。

(10-27)

*クロイソス王：莫大な富を抱えていたが、最後はペルシアに滅ぼされたリュディア王国最後の王。現存する世界最古の硬貨はリュディア王国で発行された

019

人

宇宙に存在するすべてが共感しあっている

よく配列された空間なのか、それともカオス状態なのか、どう考えようと宇宙は宇宙として存在している。

君自身のなかにある種の秩序が存在するのに、「全体」のなかに無秩序が存在するということが可能だろうか？

宇宙に存在するものはすべて分離され拡散しているにもかかわらず、共感しあっているのである。

（4－27）

020

人

ものごとはすべて関係しあっている

あとからつづいて生じることは、すでに生じたものと密接な関係がある。というのは、この一連のできごとは、ただ単にバラバラになったものごとを必要があって羅列したものとは異なり、合理的に結合しているのである。

存在するものごとが、すべて調和ある秩序にしたがって配置されているように、生じてくるものは単なる連鎖ではなく、ある種の驚くべき関係をもっているのだ。

(4-45)

021

人

それぞれ異なるやり方で協同している

私たちはみな、おなじ目標に向かって協同している。そう自覚している者もいれば、そうでない者もいる。「眠っている人も働いている」と、ヘラクレイトス*が言うように、「宇宙で生じるできごとの工作者であり、協同者なのである」。

だが、人間はそれぞれ異なるやり方で協同している。できごとを非難して反対し妨げようとする人もまた、無意識のうちに大いに協同しているのだ。というのも、宇宙はそんな人たちであっても必要としているからだ。

（6－42）

太陽は雨の役割をはたすだろうか、医術の神アスクレピオスは農耕の神デーメテールの役割をはたすだろうか？　夜空の星はそれぞれ違っているのに、共通の目的に向かって協同しているではないか？

（6－43）

＊ヘラクレイトス：「万物流転」というフレーズで有名な古代ギリシアの哲学者

人

宇宙ではすべてがつながっている

宇宙に存在するものはすべてつながっており、お互いに関連しあっている。このことについて、しばしば考えてみるとよい。ある意味ではすべてのものが編みあわされており、お互いに友好関係にあるからだ。

宇宙には、膨張と収縮というあい反する運動のあいだに緊張関係があり、さまざまな共振現象もある。すべての実体が一体化しているため、つぎからつぎへと順番にものごとが生じるのである。

（6－38）

人生は短いが世代交代で引き継がれてゆく

真理という原則が自分のなかにしみこんでいる人にとって、悲しみや恐れから自由になるには、こんな短いフレーズでも十分だろう。

「風が吹き地面に散る木の葉。人の世もまた似たようなもの」（ホメロス＊）

木の葉はまた、君の子どもたちのことでもある。君のことを大声で喝采し、賞賛を浴びせる人たちのことであり、その反対に呪いの声をあびせ、陰でひそかに非難したり、あざ笑ったりする人たちのことでもある。ある人の名声を、その死後も引き継いでゆく人たちのことでもある。

というのは、これらのものごとはみな、ホメロスが言うように「春になると生まれる」ものだからだ。そして風が木の葉を吹き落とし、森はあたらしい木の葉を生み出す。

だが、すべてに共通するのは、存在する時間がきわめて短いということだ。まもなく君は目を閉じるだろう。君を墓場に運び埋葬する者たちもまた、別の誰かに哀悼されることになる。（10－34）

＊ホメロスは古代ギリシアの吟遊詩人。この一文は『イリアス』第6巻からの引用。

Ⅱ 運命を愛せ

024

Є

運命がもたらすものを歓迎せよ

肉体、魂、知性。肉体には感覚。魂には欲求。知性には原理。

動物ですら、かたちからものごとを理解する。野獣ですら、欲望をあやつる糸に支配されている。神々を否定する者や、自分の祖国を裏切る者、見えないところで悪事を働く者ですら、知性によって自分が最適だと思うものごとに導かれている。

もし、それ以外のものが、すでに述べたことと共通であるなら、善き人にとって唯一無二のものとして残るものはいったい何だろうか？

それは、運命がもたらすものを愛情もって歓迎することだ。「内なる精神」を誤った信念で汚したり、邪魔したりしないかわりに、静かに神に従い、真実に反する嘘偽りは口にせず、正義にもとることも行なわずに、「内なる精神」を忠実に保つこと。

シンプルで慎み深く満足した人生を送ってきたことを、もし他人が認めなかったとしても、それに対して怒ることはない。

（3－16）

025

ε

すべては織り込みずみだ

君は、あれを見たか？　では、これも見るといい。自分自身を悩ますな。なにごとも単純明快にいこう。誰か悪事をなしたのか？　いや、その人は自分自身に悪事をなしているのだ。そのことで、君になにか起こったとでもいうのか？　いいだろう、生じることはすべて、宇宙の始まりから宿命として織り込みずみだ。要約してしまえば、人生は短い。理性と正義の力に助けられて、君は現在を活かさなくてはならない。くつろいでいるときも、正気のままでいたほうがいい。

（4―26）

026

E

運命は処方されている

全体としてただ一つの調和が存在するのである。あらゆる物体が組み合わさって一つの大宇宙となっているように、あらゆる原因が組み合わさって一つの大きな原因となっている。

完全に無知な者ですら、私が意味するところは理解する。というのも、「それは運命によってもたらされた」と、かれらが言うではないか。「もたらされた」は「処方された」と言いかえていいだろう。だから、私たちもまた名医の処方せんにしたがって、ものごとを受け取ろうではないか。

たとえ「良薬口に苦し」だとしても、それを飲めば健康になると期待するからこそ、処方された薬を飲むのだ。

（5－8）

027

ε

すべてはそうなると定められていた

君の身の上になにが起ころうと、それがはるか永遠の昔から、そうなると定められていたのである。さまざまな原因がからみあって、君という存在と君に起こったできごとは、永遠の昔から紡ぎあわされていたのだ。

（10－5）

028

Є

運命は自発的に受け入れよ

想像してみるといい。どんなできごとにも悲しんだり不機嫌になる者は、神々への捧げ物として生け贄《にえ》になるブタが、押さえつけられて刃物をつきつけられ、あばれながら悲鳴をあげているようなものだ。

ひとりベッドで沈黙して、運命という身をしばりつける鎖のことを嘆き悲しんでいる者もまた、この生け贄のブタのようなものだ。

理性をもつ動物、つまり人間だけが、納得したうえで自発的に運命にしたがうことができる。それ以外の生き物は、生け贄のブタのように、ただ服従するだけだ。

(10-28)

029

Є

自然が生み出すものはみな美しい

自然が生み出したものだけでなく、それといっしょに生まれてくる副産物にも、心地よく魅力的なものがある。

たとえば、パンが焼けると表面の皮にひび割れが生じることがある。たとえ、パン焼き職人の意に反してできたものであっても、ある意味では美しく、特別に食欲をそそるものがある。

また、熟してくるとぱっくりと開くイチジクの実、熟して腐る寸前のオリーブの実には特有の美しさがある。

実ると垂れてくる小麦の穂、ライオンのまばたき、イノシシのよだれなど、たとえ美しいとはとても言えないようなものであっても、よくよく観察してみれば美しさを見いだすことができる。なぜなら、自然が生み出すものだからこそ、美しさが引き立てられるのであり、心を楽しませてくれるからだ。

誰もがみな喜ぶものではなくても、自然とその生み出すものに親しんでいる者には、美しさが見えてくるものなのだ。

（3－2）

030

世の中に生じることに不思議はない

春になるとバラの花が咲き、夏になると果実が実るように、世の中に生じるありとあらゆるものは、みな日頃から慣れ親しんでよく知っているものだ。病気や死、誹謗中傷や裏切り行為、愚か者を喜ばしたり、いらだたせたりすることについても、おなじだといえる。

（4-44）

031

ヨ

人間の本性が欲しないことをしていないか

一つだけ心を悩ませているものがある。人間の本性が欲しないことを、他人はともかく自分がしていないかどうか。ほかの方法ならともかく、人間の本性が欲しないやり方でしてしまわないかどうか。将来はともかく、いまこの瞬間にしてしまわないかどうか。

(7-20)

032

ϵ

自然にしたがって生きよ

自分のことをすでに死んだ者、現在この瞬間までに人生を生きつくした者として考えること。そして残りの人生を、自然にしたがって適切に生きること。

（7－56）

033

ε

当たり前のことが起きても驚くな

イチジクの木にイチジクの実がなったからといって驚いたら恥ずべきことであるように、宇宙が生み出すべきものを生み出したからといって驚くのもまた恥ずべきことだ。自分の患者が熱を出したからといって、向かい風が吹いたからといって、医者や船長が驚くのが恥ずべきことであるように。

(8－15)

034

ε

起こることはすべて自然なことだ

人間的でないことは、どんな人間にも起こらない。雄牛にも、ブドウの木にも、小石にも、それぞれにとって自然なことしか起こらない。

この世に存在するあらゆるものにとって、当たり前で自然なことしか起こらないというのに、なぜ君は文句を言うのか？

いや、文句を言う理由などないはずだ。というのも、あらゆるものに共通する自然は、耐えられないものを君にもたらしはしないからだ。

（8－46）

035

ε

宇宙から眺めたらすべては小さい

アジアやヨーロッパは宇宙の片隅。大海は宇宙の一滴。アトス山*は宇宙のなかの小さな土の塊。現在は、永遠の時のなかの一点。あらゆるものは小さくて移ろいやすく、永遠の時のなかに消え去ってゆく。

（6-36）

＊アトス山：ギリシアにある高山。標高1935メートル。

036

Є

高所から眺めよ

人間について論じる者は、あたかも高所から眺めるかのように、この地上のものごともよく見まわすべきだ。

人間が群れとして集まっているのは、軍隊、農業、結婚と離婚、条約とその破棄、誕生と死、騒がしい法廷と人気のない砂漠、いろんな蛮族が住む土地、祭りと葬式と市場などさまざまであるが、ありとあらゆるものごとがまじりあい、相反するものごとから秩序が形づくられている。

このありさまを、よく見つめることだ。

（7−48）

037

9

評判など無意味だ

高所から眺めてみよ。

無数の人間の群れを、無数の儀式を、嵐のなかや凪《なぎ》のなかに漕ぎ出す無限ともいえるほど多様な人びとを、この世に生まれ、つどい、そして死んでゆく人びとのさまざまなあり方を。そして、過ぎ去った世代に生きた人びとの生活や、これから生まれてくる世代の人びとの生活を。未開の諸部族のなかでいとなまれる生活を。

いかに多くの人が、君の名前すら知らないことか。いかに多くの人が、君の名前を忘れてしまうことか。いかに多くの人が、君のことをいま賞賛しているのに、たちまちのうちに君を非難するようになることか。

死後に名前が記憶されることに意味はない。評判も、その他なにもかも。

（9－30）

038

ε

山頂に一人いるかのように生きよ

君の人生に残された時間は短い。残りの人生は、山頂に一人いるかのように生きよ。

ここで生きようが、かなたの山頂で生きようが、宇宙全体を自分が住んでいる国と考えれば、どこであろうとなんの違いもないではないか。

自然にしたがって生きている真の人間がどういうものか見せてやれ、知らしめてやれ。もしかれらが、真の人間の存在に耐えられないというなら、その人に君を殺させたらいい。そんな連中のように生きるくらいなら、死んだほうがましだからだ。

（10－15）

039

ϵ

余計なものを取り去れ

いま目の前にあることの一つ一つについて、つねに定義を行い、ことばで描いてみること。余計なものを取り去って裸にし、修正を加えない完全な状態にしてみること。そして、その本来の名前で呼んでみること。ものそれ自体と、それを構成している個々の要素に分解してみること。

そうすれば、それがほんとうに何を意味しているのか、理解することができるはずだ。

（3－11）

040

E

あるがままの姿で見よ

君に悪事をなす人がもつような思い込み、あるいはそういう人が君にもたせたいと思っているような思い込みをもたないこと。ものごとは、あるがままの姿で見ることが重要だ。

（4－11）

美しいものに賞賛はいらない

美しいものはみな、それ自体が美しい。賞賛しようがしまいが、それ自体で完結している。賞賛されたものは、それによってより悪くなることも、よりよくなることもない。これは、通俗的な意味で「美しい」とよばれているもの、たとえば、工芸品や美術品についてもあてはまると主張したい。

ほんとうに美しいものは、ほかにはなにも必要としない。法律以上のものや、真実以上のもの、慈悲深さや謙虚さ以上のものも必要としない。

賞賛されたから美しくなるもの、けなされたからダメになるものは、いまあげたもののなかにあるのだろうか？　賞賛されなければ、エメラルドは美しくならないというのだろうか？　ゴールドは、象牙は、ムラサキガイは、竪琴は、短剣は、花は、樹木はどうだろうか？

（4－20）

042

ε

ものごとの内側を見よ

ものごとの内側を見よ。なにごとであっても、それ固有の性質と価値を見逃すことのないように。

（6－3）

043

ϵ

本質は身もふたもない

食卓に肉料理やおいしい食事の数々が並んでいるのを見て、それはサカナの死骸で、これはトリやブタの死骸だと受けとめる。高級ワインは、ブドウの絞り汁に過ぎない。高官が身につける紫色のマントは、巻き貝の分泌液に染めた羊毛である。セックスは、内部で摩擦され、痙攣《けいれん》をともなって精液を放出することである。

このような見方をすれば、ものごとをつらぬいて核心に到達し、ものごとの本質に迫ることができる。

私たちはまったく同様に、全人生をとおしてそのような見方をしなくてはならない。ものごとがまことしやかな印象をもって立ち現れるときは、横たえて丸裸にし、いかに取るに足らないものかをよく観察し、礼賛することばをすべてはぎとってしまわなくてはならない。

なぜなら、うぬぼれほど判断を誤らせるものはないのであり、意義ある仕事に従事していると確信しているときほど、君はあざむかれているからだ。（6－13）

6

人生は垢や汚れのようなもの

入浴と聞いて君が連想するのは、汚れ落としのオリーブオイル、汗、垢《あか》、濁った汚水など、なにもかも胸がむかつくようなものばかりだろう。人生全体がそんなものだし、目に見えるものはすべてそんなものだ。

（8―24）

045

ϵ

共通する要素に本質を見る

クモはハエをつかまえて得意になる。ある人は野ウサギをつかまえ、ある人は網で小魚をつかまえ、ある人はイノシシを、ある人はクマを、ある人はサルマティア人*をつかまえて得意になる。共通する要素を考えてみれば、みな盗賊ではないか。

（10−10）

＊サルマティア人：ローマ帝国東方のハンガリー平原にいた勇猛な騎馬民族。マルクス・アウレリウスのローマ軍は紀元175年に戦っている。

046

E

裸の状態にして考えてみよ

外側のカバーを取りはずした裸の状態で、それがどう形づくられているのか原因までさかのぼって熟考してみるように。

行動の目的とは、苦痛と快楽とはなにか、死について、名声について。自分が多忙である原因は、いったい誰にあるのか。どうして誰も他人に妨害されないのか。

すべては自分の思い込みからくるものだ。

(12-8)

III

精神を強く保て

魂が自らをおとしめるとき

人間の魂が自らをおとしめるのは、つぎのような場合だ。

第一に、魂が腫れものや突起物のようなものになってしまう場合。というのは、なにかに対して腹を立てることは、自分自身を自然から切り離すことになってしまうからだ。この世で生じることはすべて、自然の一部であるのにかかわらず。

第二に、怒っているときによくやることだが、他人を見放して背を向けたり、あるいは逆に、危害を加えようと向かっていく場合。

第三に、快楽や苦痛によって打ち負かされてしまう場合。

第四に、自分を偽って、なにか不自然で不正な言動をおこなう場合。

第五に、目的もなく、でたらめで、まとまりがない行動や衝動を自分に認めてしまう場合。どんな小さなことでも、ゴールを設定して方向づけなければならない。

（2－16）

048

Π

「内なる精神」より重要なものはない

もし君が人生のある時点で、正義や正直、セルフコントロールや勇気よりもすぐれたものに出会ったとしよう。それは特別なものであるに違いないから、遠慮なく抱きしめ、完全に楽しむといい。

だが、もし自分の「内なる精神」以上にすぐれたものに出会わなければ、「内なる精神」以外のものが存在する余地をつくってはならない。

「内なる精神」は、君自身の個人的な欲求をその下に服属させ、さまざまな思い込みを見分けるだけでなく、ソクラテスが言うように感覚的な誘惑からも解放されており、神々の支配下にあって、人類の幸福を求める精神である。

（3－6）

049

Ⅱ

精神を清めよ

まっすぐに矯正され清められた精神には、膿《うみ》も汚れもかさぶたもない。そしてまた、ストーリーが終わる前に俳優が演技から降りてしまうような形で、人生が死によって未完に終わってしまうこともない。そこには、奴隷根性も傲慢さもない。卑屈な態度で依頼心を発揮したり、社会にそっぽを向くこともない。いいわけすることも、こそこそ逃げかくれることもない。

(3-8)

知的能力が衰える前によく考えよ

人生は一日一日と費やされ、残りの日々が少なくなっていく。だが、それだけではない。たとえ長生きしても、この世界を理解し、神と人間にかんすることがらをじっくり考える知力が残っているのかどうか明白ではない。

というのも、老化が進んでも呼吸や消化力、想像力や欲求などが失われるわけではないが、自分自身をうまく活用したり、なすべき義務をただしく測定し、見聞きすることを分析し、いつこの世を去るべきか決めることなど、健全な精神を必要とする能力は、すべて消え去ってしまうからだ。

だから、急がなくてはならない。なぜなら、私たちは一日一日と死に近づいているからだけでなく、この世界を把握する能力が、その前に消え去ってしまうからだ。

（3－1）

051

Π

心のなかに隠れ家を持て

日常生活を逃れて、田園や海辺や山岳に静養先をもとめる人は多い。君もまた、そういう気持ちを強くもっている。だが、それはみなバカげたことだ。なぜなら、いつでも好きなときに自分の世界にひきこもればいいからだ。

自分の心のなかほど静かで、面倒ごとから解放された場所はない。自分の心のなかを見つめたとき、たちまち心が完全に落ち着くようなよりどころをもっていればなおさらだ。心の落ち着きとは、心の秩序にほかならない。いつも心のなかに隠れ家をもち、自分を取り戻すのだ。

(4-3)

052

II

理性を尊重せよ

君は理性をもっているか？　もっている。ではなぜ、それを使わないのだ？　理性が理性として働くなら、君はそれ以外になにを望むというのか？

（4―13）

君のことをケモノやサルであるかのように見なしている者も、君が原則に立ち戻り理性を崇拝すれば、十日もしないうちに君のことを神と思うようになるだろう。

（4―16）

053

Ⅱ

自分の魂について考えよ

「いま自分の魂をなんのためにつかっているのか？」

ことあるごとに、私は自問自答して答えを探し求めなくてはならない。

「司令部である魂を、いまなにが占めているのか？　いま誰の魂をもっているのか？　それは子どもの魂か、若者の魂か、か弱い女の魂か、暴君の魂か、家畜の魂か、野獣の魂か？」

（5―11）

054

Π

いつも考えていることが精神をかたちづくる

君がつね日頃考えていることが、君の精神のあり方をかたちづくる。というのも、魂は思想の色に染められるからだ。

では、一連の考えで魂を染め上げてみるといい。たとえば、つぎのような考えだ。

生きることができる場所があれば、よりよく生きることができるだろう。宮殿に生きなくてはならないなら、宮殿でよりよく生きることもできるだろう。

（5－16）

055

Π

二つの世界を行ったり来たりする

もし君に、義母と実母が同時にいるのなら、義母に義務をつくすのは当然だ。とはいえ、実母のもとに戻ることもたびたびあるだろう。

君にとって宮廷と哲学は、義母と実母の関係のようなものだ。実母としての哲学にたびたび戻り、そこでリラックスすることだ。

そうすれば、君は宮廷のできごとに我慢できるし、宮廷では我慢できる人と見なされることだろう。

(6-12)

056

しっかりするんだ、自分！

なんと恥ずべきことか！　わが人生では肉体がまだもちこたえているというのに、魂のほうが先にくたばってしまうとは。

（6－29）

057

内面まで外面の色に染まってはいけない

皇帝ぶることのないよう、内面まで外面の色に染まってしまわないように注意すること。そういうことは、じっさいによくありがちだからだ。

シンプルで、善良で、純粋で、まじめで、気取らず、正義の友であり、神々を敬い、親切で、愛情深く、自分の義務には熱心。そういう人であるように。哲学が教えるとおりの人でありつづけるように。

神々を敬い、人びとを助けよ。人生は短い。この地上の人生でたった一つの収穫は、敬虔な態度と社会のためになる活動である。


（6－30）

058

Ⅱ

自分のなかに泉を掘れ

自分のなかを掘ってみよ。そこには泉がある。そこには善という水があふれでている。掘りつづけていけば、泉はけっしてかれてしまうことはない。

（7－59）

059

井

自分のなかの泉を枯らしてはいけない

澄んでいて、甘くてうまい水がわきでてくる泉があり、そのかたわらに立って泉を呪う人がいたとしよう。だが、たとえその人が泉を呪ったとしても、飲み水がこんこんと湧きつづけることだろう。たとえ泉のなかに泥や糞を投げ込んだとしても、たちまちのうちに流し去り、まったく汚れがなくなっていることだろう。

では、どうしたらたんなる井戸ではなく、かれることなく水がわきでる泉を自分のなかにもつことができるのだろうか？

そのためには、いついかなるときでも、自由でいつづけることだ。他人に対して親切で、正直で、謙虚な気持ちをもって。

(8-51)

060

苦痛かどうかは魂が決めること

苦痛は、肉体にとっての悪であるから、肉体には思うところを言わせればいい。とはいえ、じっさいにできはしないから、苦痛は魂にとっての悪であると考えるべきだ。

心の平静と落ち着きを維持するのは魂の力であり、魂は苦痛を悪と考えないでいることもできる。

というのは、どんな判断も、意志も、欲求も、嫌悪も魂のなかにあり、そこまで悪が入り込むことはできないからだ。

（8—28）

061

不幸になるかどうかは自分次第

私の自由意志にとって隣人の自由意志は関係ない。その人の息や肉体が私にとって関係ないのとおなじことだ。たとえ私たちはお互いのために生まれてきたとはいえ、意志にかんしては、その人だけを支配しているのである。そうでなければ、隣人の悪事は私の災いになってしまうだろう。

神がそれを願わなかったからこそ、私が不幸になるかどうかは他人次第であってはならない。不幸になるのは、自分次第なのだ。

(8－56)

062

Ⅱ

精神の堕落は人間性をむしばむ病気

嘘や偽りの味も、贅沢や傲慢の味も味わうことなく、人生という宴会から去ってゆくのは、人間にとって幸福なことだ。ところが、こういったものをすべて味わい尽くしてから最後の息を引き取るのはセカンドベストである。

それとも君は、あえて悪徳のもとに身をまかせることを決めたのだろうか？堕落した人間からうつる病気から逃げろという、自分の経験がうながす声にすら耳を傾けようとしないのだろうか？

精神の堕落は病気であり、私たちをとりまく空気の汚染よりもはるかにひどい。空気の汚染は人間の動物的要素に感染するが、精神の堕落は人間から人間にうつり、人間性そのものをむしばむ病気である。

（9－2）

063

Π

善悪は自分の働きかけで生じる

理性的動物であり、社会的動物でもある人間にとって、善や悪というものは、受け身として感じることにはなく、能動的に働きかける意志によって生じるものだ。美徳や悪徳もまたおなじである。

（9-16）

悪や欲望を排除せよ

空想など、消し去ってしまえ。その際には、しばしば自分にこう言い聞かせるとよい。「いまや、私は自分のパワーで、悪も欲望もいかなる混乱も、魂のなかにはいっさい入り込まないよう排除することができる。また、あらゆるものごとをあるがままの姿で見て、それぞれがもつ価値にふさわしい扱いができるのだ」と。このパワーは自然からの贈り物であることを忘れないように。

(8-29)

П

苦痛の原因は考えても仕方ない

自分にとって苦痛に感じるものがあるだろう。それについて考えるのをやめてしまえば、完全に安心できるようになる。

(8-40)

精神は難攻不落の城塞

覚えておくこと。精神の司令部である理性は、自分の内部にひきこもってパワーを結集し、みずからに満足を見いだしたとき無敵となる。たとえその満足が、自分がやりたくないことはやらないという、たんなる頑固さからくるものであっても無敵なのだ。ましてや、理性の助けで慎重に判断した場合には、言うまでもないだろう。

だからこそ、情念から自由な精神は、難攻不落の城塞（アクロポリス）なのである。いったん避難すれば、生きている限りこれほど安全な場所はほかにはない。これを見ない者は、無知な者である。だが、それを見ながら避難しない者は、不幸である。

（8－48）

健康な精神はどんなことでも受け入れられる

健康な眼は、見えるものはすべて見るべきであり、「緑色のものだけ見たい」などと言うべきではない。それは眼病患者の言うことだ。

健康な聴覚も嗅覚も、聞こえるもの匂うものは、すべてを感じ取れるように準備されていなくてはならない。

健康な胃腸も、あらゆる食べ物を消化しなくてはならない。挽き臼があらゆるものを挽いて粉にするように。

だから、健康な精神もまた、なにが起ころうと対応できるように準備されていなくてはならない。だが、「自分のかわいい子どもたちが助かりますように」とか、「自分がやることのすべてを、あらゆる人たちが賞賛しますように」などと言う人の精神は、緑色のものだけを見たいという眼や、やわらかいものだけを食べたいという歯とおなじではないか。

(10-35)

068

Ⅱ

肉体は精神にとっての道具にすぎない

肉体というあやつり人形の糸を引いているのは、その内部に隠れた存在だ。これは活力であり、生命であり、いってみれば人間である。

君自身について考えてみるとき、君のまわりをとりかこむ肉体という容器や、容器のまわりについている道具類と一緒くたにしてはならない。

それは斧《おの》のようなものだ。ただ違うのは、肉体に生えているという点だけだ。

それを動かしてコントロールする目的を欠いていては、まったくなんの役にも立たないのである。機織りにとっての杼《ひ》や、作家にとってのペン、御者にとっての鞭のように。

(10-38)

理性的な魂はつねに完璧だ

理性的な魂の特徴は、つぎのようなものだ。すなわち、自分自身を見て分析し、意のままに自分自身を形づくり、その果実は自分でつみとって自分で味わうのである。そこが、穀物や家畜とは違うところだ。

理性的な魂は、人生の終着点がいつであろうと、それじたいの目的を達成する。ダンスや芝居の場合、邪魔がはいって途中で終わってしまうと不完全なものとなるが、それとは違うのである。理性的な魂は、いつどこでストップがかかろうとも、自分の目の前におかれた仕事を完全かつ完璧に仕上げてこう言うのだ。「私は、自分がもつべきものをもっている」と。

理性的な魂は、ありとあらゆるものが輪廻転生を繰り返して再生してゆくさまを考察し、これから生まれてくる者にとっても、すでに世を去った者にとっても、あたらしいものなどなにもないことを認識する。おなじように、多少なりとも知性をもつ人間であれば、四十歳にもなれば、過去も未来も、現在と似たようなものであるから全部見てしまったことになるのだ。

（11－1）

心を乱す原因は自分にある

なにかを追い求めたり避けたりしていると、心が乱され、いらだちを感じることがある。だが、いらだちは向こうからやってくるのではない。なんらかの形で君のほうがそこに向かっているのだ。だから、それが善いとか悪いとか判断するのは止めたほうがいい。そうすれば、心を乱す対象は静止したまま動かず、なにかを追い求めたり避けたりする君の姿も見られなくなるだろう。

(11-11)

Ⅳ

思い込みを捨てよ

3

欠点がある人も自分の同族なのだ

朝目覚めたら、自分にこう言い聞かせるように。

「きょう会うことになる人たちが、お節介で恩知らず、不正直で嫉妬深くて無愛想なのは、善と悪の区別にかんしては無知だからだ」

もちろん、私自身も善というものが精神の美しさであり、悪というものが精神の醜さであることはよく知っている。だが、悪いことをする人も、本来は私とおなじ精神をもちあわせていることも知っている。つまり、悪いことをする人も、血肉をわけあったわけではないが、同族といってもかまわないのだ。だから、誰一人として私を傷つけることはできないし、醜い争いごとに巻き込むこともない。同族の者に怒りを感じることはできないし、嫌うこともできないだろう。

私たちは、両手両足や左右についている目、そして上下の歯並びのように、お互い一緒に働くために生まれてきた。だから、お互い邪魔しあうことは自然に反することになる。誰かに対して怒りの感情をもったり、嫌って背を向けたりすることは、邪魔しあうこと以外のなにものでもないのだ。

（2－1）

3

限度を超えてまで休息する必要はない

夜が明けても起きるのがつらいとき、自分にこう言い聞かせてみよう。

「私は、人としてのつとめを果たさなくてはならない。そのために生まれてきたというのに、なんで不平不満を口にすることができるというのだろう？　それとも、まだ寝間着を着たまま毛布にくるまって、まどろんでいたいというのだろうか？」

「でも、こちらのほうが心地よいから……」

では、君は心地よい状態を求めるために生まれてきたというのか？　何かをしたり、経験したりという活動をしないというのか？　なぜ人としてのつとめを果たさないのか？　自然界が求めるつとめを果たさないのか？

「だが、ときには眠ることも必要だし……」

たしかに、それはそうだろう。だが、なにごとにも限度というものがある。その限度を超えてまで休息する必要はない。限度を超えたといっても、仕事にかんするものではないだろう。まだまだその水準には達していないはずだ。（5－1）

073

ふ

人間は眠るためでなく働くために生まれてきた

眠気がなかなかさめないときには、こう考えてみることだ。社会的な活動をするのが君の本性にかなったことだし、人間にとって自然なことであるが、理性をもたない動物ですら眠ることにかんしては人間と共通している、と。

だが、人間に固有な本性にしたがうことこそ、人間にはふさわしく、しかもより心地よいものであることを忘れてはならない。

（8－12）

074

死と生は善でも悪でもない

いますぐにでもこの世を去ることはできる。こう考えて、自分がなすこと、話すこと、考えることのすべてを決めなくてはならない。

もし神々がいるのなら、人間界から離れていくことは恐ろしいことではない。神々は君に害をなすことはないからだ。

たしかに、死と生、成功と失敗、苦痛と快楽、富と貧困、こういったものはすべて善人にも悪人にも等しくもたらされるものだ。それは、精神的に美しくも醜くもない。だから、善でも悪でもないということになる。

（2－11）

075

人生は思い込みだ

振り返るべき座右の銘として、つぎの二つを含めておくといい。

一つは、「ものごとが魂に触れることはない。ものごとは外部にあって静止しつづけているが、わずらいは内部の思い込みからのみ生じる」ということ。

もう一つは、「君が見ているすべてのものごとは、たちどころに変化して、もはや存在しなくなる。どれだけ多くの変化を君自身が経験してきたか、つねに覚えておくように」ということ。

宇宙は変化する。人生は思い込みだ。


（4―3）

076

ω

思い込みを捨てれば不平は消える

自分の思い込みを捨て去れば、「自分は被害者だ」という不平も消え去ってしまう。「自分は被害者だ」という不平を捨て去れば、被害そのものが消え去ってしまうものだ。

（4－7）

思い込みが害悪をもたらす

君に害悪をもたらすものは、他人の心のなかにあるのではない。君を取り巻く環境の変化にあるわけでもない。

では、どこにあるのか？

それは、害悪だと思い込む君自身の心にあるのだ。思い込まなければ、すべてがうまくいくだろう。たとえ、肉体が切断され、焼かれて、腐敗して膿《うみ》ができたとしても、思い込む力にスイッチが入らないようにすることだ。それは、悪人にも善人もひとしく起こりうることを、悪いとも善いとも判断させないことでもある。

自然に反した生き方をする者にも、自然にしたがった生き方をする者にもひとしく起こることは、自然にしたがったことでも、自然に反することでもない。

（4—39）

思い込みを消し去れば穏やかになる

わずらわしい思い込みや、不適切な思い込みを追い払い、消し去ってしまうのは、なんと簡単なことか。そうすれば、ただちに心は落ち着いて穏やかになる。

（5－2）

079

3

苦痛と思うから苦痛になる

苦痛であろうがなんだろうが、自分の外から降りかかってくるものは、降りかからせておけばいい。降りかかってきたと感じた肉体は、もし言いたければ文句を言うだろう。だが、自分に起きたことが悪いことだと思わないかぎり、自分が傷ついているわけではない。そう思わないですませる力が、自分のなかにあるからだ。

（7-14）

3

善悪の判断は行動で示される

どんな人に出会ったときにも、ただちに自分にこう問いかけてみることだ。

「この人は、善と悪にかんしてどのような原則をもっているのだろうか？」

というのも、快楽と苦痛、それぞれの原因について、また名誉と不名誉、生と死について、その人がなんらかの原則をもっているなら、その人がその原則にしたがって行うことは驚くことでもおかしなことでもないからだ。

そして、その人はそう行動せざるをえないのだということを、私は忘れないだろう。

（8－14）

苦しんでいないで行動せよ

自分の外にあるものに苦痛を感じるのは、そのものじたいに悩むのではなく、苦痛だと君が思い込んでいるからだ。このような思い込みは、いますぐ君自身の力で消し去ってしまうことができる。

だが、苦痛が君自身の気質からくるものであれば、君以外のいったい誰が思い込みをただしてくれるというのだ？

もし、自分がなにかただしいことをしていないから苦痛を感じるのだとしたら、なぜ苦しんでいないで行動しないのか？

「だが、なにかもっと強力なものが自分の邪魔をするのだ」

「それなら、苦しむことはない。君のせいではないからだ」

「でも、それをしないで生きてゆくことに意味があるのだろうか」

「それなら、満足してこの世を去ってゆくがいい。やるべきことをやりとげ、邪魔するものごとにもおだやかな気持ちを抱いて死んでゆく者のように」

（8－47）

思い込みを放り出せ

きょう私は、すべてのトラブルから抜け出した。というよりも、私はすべてのトラブルを放り出した。トラブルは自分のなか、つまり自分の思い込みのなかにあったからだ。

(9-13)

思い込みは自分次第でどうにでもなる

すべては思い込みに過ぎないということを考えること。そして、思い込みは自分次第でどうにでもなる。岬を回航する船乗りが凪《なぎ》を見るように、すべてはおだやかで、波のない静かな入江となる。

（12−22）

3

自分の力でまっすぐに立て

いかに行動すべきか。

何ごとも衝動的に行動するな、利己的な考えから行動するな、慎重さなしに行動するな、恐れを抱いて行動するな。

自分の考えを飾り立てるな。

余計な発言や不必要な行動をするな。

男として、大人として、市民として、ローマ人として、統治者として、君の内なる精神を示すこと。戦場の兵士のように配置に就き、退却命令が来るのを根気よく待つ。宣誓もなく証言もしない。そんな態度で振る舞うこと。

快活に振る舞え。他人の助けも、他人があたえてくれる平静も必要としないこと。

自分の力でまっすぐに立て。他人の力で立たせてもらうな。


（3-5）

障害を燃料にして燃え上がれ

内面を支配する力が自然にかなったものであるならば、あたえられたものには柔軟に適応するような形で反応するものだ。

そのために特定の材料は必要ではない。条件が許す範囲内で、当初の目的に向かってゆくのである。たとえ障害があっても、それを燃料に変えてしまうのだ。

炎が弱いと、かえって燃料が火をかき消してしまう。だが、燃え立つ炎ならあっという間に燃料は焼き尽くされ、さらに炎が高く燃え上がる。

(4-1)

正義をなすには忍耐が必要

君は、いったい何に不満をもっているのだ？　人びとの行いの悪さについてか？

つぎの結論を想起してみるがいい。理性的動物はお互いのために生まれてきたこと、正義をなすには忍耐が必要なこと、人は心ならずも悪事をなしてしまうこと、そしていままでにどれだけ多くの人びとが互いに敵対しあい、疑心暗鬼になって憎みあい、戦いあったすえに、死んで焼かれて灰になっていったことか。

もう沈黙したほうがいい。

（4-3）

どんなことでもただしく行う

この世に起こることはすべて、ただしく起こるのである。もし注意深く観察したなら、そうであることがわかるはずだ。私がこう言うのは、ただしいこと全体についてだけではない。ものごとの一つ一つが、あたかもなにかで測られたかのように、ただしく起こるのである。

だから、すでに君が始めているように、引きつづきよく観察してみるといい。どんな場合でも、君が善良であり善き人だと理解されるように行動するのだ。なにをする場合でも、この原則を守ることだ。

（4—10）

088

意見を変えるにはルールが必要だ

つねに二つのルールをもっていなくてはならない。

第一のルールは、人びとのためになることだけを念頭において、統治と立法にかんしては理にかなったことを行うこと。

第二のルールは、もし自分の意見を正してくれる人がそばにいるなら、考えを改めること。

だが、意見を変える際には、つぎの条件が必要になる。なにが正しいか、なにが共通の利益になるかという確信にもとづく説得によること。心地よく聞こえるだろうからとか、評判がいいだろうからといった理由で意見を変えるべきではない。

(4-12)

089

ω

死は目の前にぶらさがっている

これから一万年も生きるかのように行動しないこと。死は、君の目の前にぶらさがっているのだ。生きているあいだに、それが自分の力で可能なあいだに、善き人になることだ。

（4—17）

090

ふ

ゴールに向かってひたすら走れ

隣人がなにを言い、なにを考えているかなんて、どうでもいいではないか。自分自身がなにをするかに注意して、それがただしいことかどうかだけ気にしていれば、トラブルとは無縁になる。

他人の堕落したモラルなど、どうでもいいではないか。

そんなことに目をこらしたりなどせず、直線からそれずにゴールに向かってひたすら走るのだ。

（4－18）

091

3

「これはほんとうに必要か？」と自問する

「もし心静かな状態を望むなら、多くのことにかかわってはいけない」と、デモクリトス*は言う。だが、ほんとうはこう言うべきではないだろうか。

「真に必要とされること、つまり人間が社会的な存在として生きるため理性にしたがって行うべきことを、必要とされるやり方で行うべきだ」

そうすれば、よりよく行うことだけでなく、より少なく行うことで心の平安がもたらされるのである。というのも、私たちが語ったり行ったりすることのほとんどがムダなものだからだ。そういったムダをやめてしまえば時間的余裕もできるし、余計な心配もしなくてすむというわけなのだ。

だから、いつでも自問してみるといい。「これはほんとうに必要か？」

さあ、ムダな行動だけでなく、ムダな考えを捨て去ってしまおう。そうすれば、余計な行動をしてしまうこともないだろう。

（4−24）

＊デモクリトス：原子論を説いた古代ギリシアの哲学者。唯物論の元祖とされる。

3

あたえられた役割に満足する

全体のなかで自分にあたえられた役割に満足している人、自分の行動が正義にかなっていて、しかも慈悲深い気持ちをもっている人。そんな善き人の人生が、君の人生にぴったり合うものかどうか、いちど試してみるといい。

(4－25)

暴君にも奴隷にもならない

たとえささやかなものであっても、立派な人になるために君が習得した技術を愛し、満ち足りた思いでいるように。残りの人生は、全身全霊をもって神々にすべてをゆだね、暴君にも奴隷にもならないよう過ごすこと。

（4−31）

094

時間をかけるかどうかは対象によって決まる

歴史上の偉大な人物とその時代について考えてみよう。おなじように、いろんな時代や国々のことを眺め、いかに偉大な努力の跡の多くが、ほどなくして崩壊し、個々の元素に分解してしまったかを見つめてみよう。

だが、とりわけ君自身がよく知っている人たちのことを考えてみるべきだ。本来は自分の素質にあったことに専念して満足すべきなのに、それを怠ってむなしいことばかりに気を取られていた人たちのことを。

ここで忘れてはならないのは、どんなことであっても、注意を払うかどうかはその対象によって決まってくるということだ。だから、もし君がどうでもいいようなささいなことにかかわる際は、必要以上に時間をとられなければ失望することもないだろう。

（4―32）

真剣な努力を傾けるべきもの

かつてはよく知られていた表現も、いまではすっかり古くなってしまった。かつてはよく知られていた有名人の名前も、いまではすっかり古くなってしまった。ものごとはすべてまたたくまに消え去り、たんなるお話となり、完全に忘却されて埋没してしまう。私が言っているのは、かつては驚くばかりに光り輝いた人びとについてだが、それ以外の人びとは、息を引き取った瞬間に「去る者日々に疎し」となってしまうのがオチだろう。つまるところ永遠の記憶とは、いったいなんだろうか？　まったくもって、むなしいことだ。

では、私たちが真剣な努力を傾けるべきものとはなんだろうか？　それは、ただ一つである。正義にかなった考え、社会的な行い、嘘偽りのないことば、つぎつぎと起こるすべてのできごとを必然のこととして、いつもどおりに、おなじ源泉から流れ出す水として受け入れる態度である。

（4−33）

096

もっと単純で善良でいるように

もうたくさんだ。最高責任者の皇帝という、このみじめで不平だらけの猿まね人生。なぜ君は心を乱されるのか？　なにかあたらしいことでもあるというのか？　なにが君を落ち着かせないのか？

原因か？　では、これを見よ。

それとも素材か？　では、これを見よ。

原因と素材の二つ以外には、世の中にはなにも存在しない。

だが神々に対しては、もっと単純で善良でいるように。

（9―37）

快楽に無関心な態度をとるための心構え

歌やダンス、総合格闘技（パンクラティオン）といった娯楽を無意味だとみなしたいなら、それぞれについて、つぎのような分析をしてみるといい。

歌については、美しいメロディーを一音一音ごとに分解して、「こんな音のそれぞれに魅せられていたのか」と自問してみれば、とても恥ずかしくて、好きだとは認めたくなくなることだろう。

ダンスについては、一つ一つの動作や姿勢をおなじように分解してみれば、おなじ結果が得られるはずだ。総合格闘技についても同様だ。

要するに、美徳とそれにかかわる行為をのぞいては、どんなものであっても要素に分解してみれば、個々の要素には価値などないことがわかるはずだ。この法則を、人生全体にあてはめてみればいい。

（11―2）

098

まもなく死ぬというのに

君はまもなく死んでしまうというのに、心に裏表がないとはいえず、心は動揺から解放されているとはいえない。外部から危害を受けるのではないかという疑いから逃れることもできず、あらゆる人に思いやりある態度で接しているとはいえない。しかも、ただしく行動する際に知恵をつかっていないではないか。

（4—37）

099

3

賢者が避けるもの

賢者はなにを避け、なにを追い求めているのか。なにが賢者を導いているのか、よく考えてみることだ。

（4－38）

V 人の助けを求めよ

㊀

親切の見返りは期待しない

第一の人は、誰かに親切にしてあげたとき、当然のことながら見返りを期待する。

第二の人は、あからさまに見返りを期待しないものの、頭のなかでは自分のことを相手に請求が可能な債権者とみなしている。

第三の人は、自分がしてあげたことを意識していない。この人は、豊かな実を結ぶブドウの樹のようだ。ブドウの樹は、いったん実を結んだあとは、とくになにも望んだりはしない。つぎの年には、当たり前のように、またあらたに実を結ぶだけだ。

(5-6)

101

失敗したら戻ってくればいい

たとえ君のすべての行為が原則どおりにいかなかったとしても、むかついたり、がっかりしたり、不満をもったりしないこと。失敗に打ち負かされたときには、ふたたび戻ってくればいい。たとえうまくいかなくても、自分がしたことの大半が人間らしいものであれば満足すべきであり、自分が戻るべき道を愛するのだ。

（5－9）

ありえないことを追い求めるのは狂気の沙汰

ありえないことを追い求めるのは狂気の沙汰だ。そして、悪人がその手のありえもしないことを追い求めないということもありえない。

（5－17）

103

無知とうぬぼれは強い

生まれつき耐えられないようなことは、誰の身にも起こらない。ところが、おなじく耐えられないようなことが起こっているのにもかかわらず、どっしり身構えて精神的に傷つきもしないものがいる。起こったことじたいに気がつかないほど無知で鈍感なのか、それとも、ものに動じない態度を誇示したいのか、そのどちらかだろう。無知やうぬぼれのほうが知恵よりも力強いとは、なんとも恥ずべきことではないか。

（5－18）

104

⊖

妨げ転じて助けに変わる

親切をしてあげるが、我慢もしなければならない。その限りにおいて、人間ほど私たちに近しい存在はない。

だが、私の本来の活動の邪魔になる限りにおいて、太陽や風や野獣におとらず、人間は私にとってどうでもいい存在になる。この手の人間は私の本来の活動の妨げにはなるが、私の意志と気質の妨げとなることはない。なぜなら、精神は一定の条件のもとで働き、活動の妨げとなるものを逆に助けに変えるからだ。

こうして、活動の妨げになるものがかえって活動を促進し、通行の妨げになるものがかえって通行をスムーズにすることにつながるのである。

（5－20）

㊀

感謝の気持ちで振り返れ

君は、いままで神々に対してどんな態度をとってきたのだろうか？　両親に対し、きょうだいに対し、配偶者に対し、子どもたちに対し、教師に対し、養育係に対し、友人たちに対し、親類に対し、召使いたちに対しては？　いままでの態度が、「誰に対しても、ひどいことはせず、ひどいことは言わない」という表現どおりのものだったかどうか考えてみることだ。

いままでどんなに多くの経験をしてきたことか、どんなに多くの困難に耐えてきたのか回想してみることだ。君の人生の物語はいまや完了し、君の奉仕は終わった。どんなに多くの美しいものを見て、どんなに多くの快楽や苦痛を見下してきたことか。どんなに多くの名誉にそっぽを向き、どれだけ多くの不親切な者に親切にしてあげたことか。

（5－31）

日

印象だけで判断しない

見た目の印象だけで、ものごとを判断することのないように。なにかを失くして困っている人がいたら、君ができる範囲内で、またその人に見合った形で助けてあげることだ。だが、失くしたものがたいして重要でもないことなら、ダメージを受けたと見なさないほうがいい。なにかを失くすのは、その人の行いが悪かったからに過ぎないのだから。

（5－36）

疑いや憎しみをもたずにスタンスをとる

体育場でレスリングを練習しているときには、取り組み相手が爪でひっかいてくることも、興奮のあまり頭突きをくらわしてくることもある。その結果、自分が傷を負うことがあっても、けっして相手を名指しして腹を立てたり怒り狂ったりするわけではないし、悪意をもってやったのだとのちのちまで疑いの目で見ることもない。

とはいえ、もちろん相手に対して警戒はする。だが、敵として対面するわけではなく、疑いをもって対面するわけではない。好意的に身をかわしてスタンスをとるだけだ。

ほかの場面でも、人生においてはおなじように振る舞うべきだ。レスリング練習中の取り組み相手に対するように、たいていのことには目をつぶって見逃してあげること。疑いや憎しみをもたずにスタンスをとるのは十分可能なのだから。

（6－20）

108

腹を立てる人にわずらわされるな

もし誰かが、「アントニヌス*という君の名前はどう書くのか」と質問してきたら、ア・ン・ト・ニ・ヌ・スと、力を込めて大声で発音するのではないだろうか。では、もし相手が腹を立てたら、君もまねして腹を立てるというのか？　いや、そんなことはないだろう。むしろ君は、最初から一つ一つの文字をたどって発音していくはずだ。

人生においても同様に、義務というものは複数のパーツから構成されていることを記憶しておいたほうがいい。このことをよく守り、君に腹を立てる人たちにわずらわされることもなく、逆に怒りを見せることもなく、目の前にある課題を一つ一つきちんと解決してゆくこと。これが、君の義務なのだ。

（6－26）

＊アントニヌス：マルクス・アウレリウスの名前は、正確にいうとマルクス・アウレリウス・アントニヌスである。

109

あたえられた環境に適応せよ

あたえられた環境に自分自身を適応させることだ。めぐりあわせで運命をともにすることになった以上、おなじ組み合わせとなった人たちを愛することだ。ただし、形だけでなく、心底から愛することが大事だ。

（6－39）

110

日

自分の善悪の基準を他人にあてはめない

君は、自分がコントロールできないものごとについて、善いこと悪いことを区別して考えている。

もしなにか悪いことが自分の身に降りかかったり、なにか善いことを失くしてしまったとき、神々のことを非難して責めたりするのも無理はない。不運や喪失の原因となった人たちや、君が疑いをかけている人たちを嫌悪するのも無理はない。

だが、悪いことはたいてい、善悪の基準をあてはめた結果にすぎないのだ。もし善悪の判断を自分の行為にだけあてはめたなら、神にたてついたり、他人のことを敵と見なしたりする理由を見つけることはできないはずだ。

（6-41）

111

妨害されたら方向転換すればいい

まずは、かれらを説得してみよう。たとえ、計画に反対の意思を示していても、正義の原則が命じるならば説得するべきだ。だが、もし立ちふさがって力づくで阻止しようとする者がいたら、君は方向転換して満足と平静の力を借り、妨害行為を忍耐や温和などべつの力を活用する機会に利用したらいい。

君の計画は、ある種の条件つきのものだった。だから、そもそもまったく不可能なことを意思決定しようとしたのではない。そのことを忘れてはならない。

では、君はなにを望んでいたのか？　なにかをやってみようという努力そのものが目的だったのだ。それなら、君は目的をはたしているといえる。方向転換したとしても、君が推進しようとした計画は、すでに達成できているのだから。

（6－50）

112

他人の心のなかにまで入り込め

他人が言うことに注意深く耳を傾けるように。そしてできる限り、その人の心のなかまで入り込むように。

（6－53）

113

社会と個人は切り離せない

ミツバチの巣にとってよくないことは、ミツバチにとってもよくないことだ。（6－54）

114

会話の内容や行動の意味をよく考える

会話するときには、しゃべっている内容に注意し、行動するときには、なにが行われているかよく観察することだ。行動においては、なにを目的にしたものなのか、ただちに見抜くこと。会話においては、しゃべっている内容がなにを意味しているのか注意深く見つめること。

（7－4）

115

目的達成のためなら人の助けも借りる

私の知能は、この難問に取り組むのに十分なのだろうか、それとも十分ではないのだろうか？　もし十分なら、私は自然からの贈り物として知能をつかう。だが、もし十分でないのなら、ほかの選択肢がないかぎり、私はこの仕事から退いて、もっとうまくできる人にやってもらうことにする。

あるいは、状況にふさわしく、社会のためになることができる人といっしょに、全力をつくして自分ができることをやる。なぜなら、自分自身でやるにせよ、他人といっしょにやるにせよ、社会のためになるという、ただ一つの目標を目指さなければならないからだ。

（7－5）

116

助けてもらうことは恥ではない

助けてもらうことを恥じてはいけない。なぜなら、君がなすべき仕事は、城塞を襲撃する兵士のようなものだからだ。城塞の壁を前にして、もし足を負傷して自力でよじ登ることができなかったなら、ほかの兵士の助けを借りて押し上げてもらうしかない。さてどうするか?

（7−7）

117

㊀

ないものねだりするな

自分がもっていないものは、そもそも最初から存在しないと考えることだ。自分がいまもっているものから最高のものを選びだし、「もしそれをもっていなかったら、どんなに追い求めていただろうか」と、深く考えてみるといい。

だが、同時に気をつけなければならない。自分がもっている最高のものに満足して過大評価するあまり、もしそれを失ったらどんなに落ち込んでしまうか、ということにならないように。

（7―27）

118

㊀

処世術はレスリングに似ている

処世術は、ダンスよりもレスリングに似ている。予期せぬ突然の攻撃に備えて、しっかりと構えているという意味において。

（7－61）

119

㊀

まずは自分自身が悪事から遠ざかる

なんとバカげたことではないか。やろうと思えばできるのに自分の悪事から遠ざかろうとせず、できもしないのに他人の悪事から身を避けようとするのは。

（7−71）

120

人の役に立つことが自分の利益になる

自分にとって利益になることを受け入れない人はいない。人の役に立とうとすることは自然なことだ。だからこそ、人の役に立つことが自分の利益になるのであり、それに飽きてしまってはいけないのである。

（7－74）

121

行動する際に自問すべきこと

自分の行動の一つ一つについて、自分自身に問いかけてみること。

「これは自分にどういう関係があるのか？　それをやらないと、後悔するのではないか？　ほどなくして私は死に、すべては無になってしまう。もし、いま私がやっていることが、知性があり、社会の一員であり、神とともにおなじ法のもとにある人間のやるべき仕事であるなら、それ以上なにを求めるというのか？」

（8－2）

122

㊀

第一印象以上に考えすぎるな

第一印象のほかに付け足さないこと。

たとえば、ある人が君のことを悪く言っているという話が伝えられたとしよう。たしかに、この話は伝えられたが、君が損害を受けたという話が伝えられたわけではない。

私は、自分の子どもが病気になったことを見ている。たしかに、そう見ているが、その子が危篤だとは見ていない*。

だからこそ、第一印象にとどめて、それ以外の印象を付け足さなければ、君の身にはなにも起こることはないのである。

いやむしろ、ありとあらゆることを知り尽くしている者としてなら、なにか付け加えるべきかもしれない。だが、そんなことは、ふつうの人間にはありえないことだ。

(8-49)

*危篤：マルクス・アウレリウスの14人の子どものうち、8人が成長することなく亡くなっている。

123

㊀

避けなければならないこと

不注意な行動、混乱した会話、ふらついた考え、内にこもった魂、感情むき出しの魂、余裕がないほど多忙な生活。こんなことにならないように気をつけなくてはならない。

（8－51）

124

曰

態度とまなざしにすべてが現れる

「私は、あなたとは率直につきあうことに決めました」と言ってのけるヤツがいる。なんと腐敗して、偽善的な人間だろうか。

人間よ、君はいったいなにをしているのだ？　そんなことは、口に出して言うべきことではない。おのずから行動に現れるものだ。額《ひたい》に、そうだとはっきりと書き込まれていなくてはならないものだ。声の調子とまなざしに、すべてが現れていなくてはならないものだ。恋人のまなざしに、瞬時にすべてを読み取ってしまうように。

だが、単純率直なふりは、後ろ手に隠しもったナイフのようなものだ。イソップの寓話にあるように、オオカミがヒツジに示した偽りの友情ほど、恥ずべきものはない。この手の友情は、なんとしても避けなくてはならない。

善良さと好意というものは、まなざしにすべてが現れるのであって、誰一人として気づかないなんてありえないのだ。

（11－15）

125

本物の親切心は無敵だ

皮肉な作り笑いや演技ではない、本物の親切心であれば無敵である。

どんなに傲慢な人でも心底からの親切心を示されたら、なにもできなくなってしまうだろう。なによりもまず、好意的な態度をとりつづけることが大事だ。そして、その人が君に悪事を働こうとした、まさにその瞬間をチャンスととらえて、その人の間違いをやさしくただしてあげるのだ。

「わが子よ、そうではない。わたしたちは、そのように生まれついたわけではないのだよ。害を受けるのは私ではない、君自身なのだよ」と。

そして、一般論としてもそうだということを、巧みにわからせてあげるといい。皮肉をまじえず、非難する態度ではなく、愛情を込めて、心に恨みをもたずに、教えさとしてあげるのだ。

ただし、教室で生徒をしかる教師のようであってはならない。誰かがまわりにいたとしても、けっして聞こえよがしではなく、直接本人にむかって話しかけることが重要だ。

（11－18）

126

しないことと言わないこと

それが適切でないなら、しないこと。
それが真実でなければ、言わないこと。

（12-17）

K

VI

他人に振り回されるな

他人に振り回されるな

わが魂よ、自分をおとしめ続けるがいい。だが、自分を大切にするチャンスはまもなく去ってしまうだろう。誰にも一回限りの人生しかないのだ。君の命はもう尽きようとしているのに、自分の魂を大事にせず、他人が自分をどう思うかに幸せを求めているとは。

（2－6）

128

K

自分で考えよ

自分で考える能力をリスペクトしよう。この能力にすべてがかかっているのだ。この能力があるからこそ、君の精神が、自然に反した誤ったものの見方に陥ることを防いでくれる。思慮深さと、他人に対する優しい思い、そして神々に服従し運命を受け入れることを約束してくれるのである。

（3－9）

129

ド

他人のことで思いわずらうな

君に残された時間は、公益にかかわるものでなければ、他人のことで思いわずらうことに浪費してはならない。なにか有用なことをすることから、君を遠ざけてしまうからだ。誰それが何をやっているとか、なぜ、そしてなにを言っているとか、なにを考えているとか、なにをやろうとしているかとか、そんなことに思いわずらっていると、自分の精神に集中することができなくなってしまう。

（3－4）

全方位に注意を向けるのはやめる

君は、自分の外から入ってくることに気を散らされるというのか？

それなら、自分のために時間をつくって、なにか価値あることを学ぶべきだ。

全方位に注意を向けるのはやめて、混乱から身を守ることだ。

ただしい方向に思考を向けずに一生を費やしている者は、たとえ激務をこなしていても時間を無駄にしていることになる。

（2－7）

131

K

自分の心のなかの動きに目をこらす

他人の心の動きが気にならないといって、悲しむ人間などいない。だが、自分自身の心のなかの動きに目をこらしていない者が、不幸にならないわけがない。

（2－8）

自分の仕事を愛するのは自然なことだ

君は、まだ十分に自分のことを愛していないのだろう。もし自分を愛しているなら、自然を愛し、自然にしたがった生活を送っているはずだ。

自分の仕事を愛する者は、入浴も食事も忘れて仕事に没頭するものだ。金属細工の職人が金属を、ダンサーがダンスを、守銭奴がカネを、出世主義者が地位を求めるようには、自分の仕事を大事に思っていないのだろうか？　かれらが自分の仕事にのめり込んでいるときは、それこそ寝食忘れて仕事に没頭しているではないか。

他人を助けることは、自分にとっては価値が低いことであるというのか？その努力に値しないとでもいうのだろうか？

（5−1）

K

わが道をまっすぐ歩け

自分の発言と行動の一つ一つが不自然なものでなければ、それは君にふさわしいものだと判断したらいい。だから、他人がどう非難しようが論評をしようが、気にすることなく発言し行動するべきだ。

なにを語り、なにを行うにせよ、それが善いことなら自分に価値があるとみなしてまったく問題はない。他人には、その人なりの判断基準があって、その基準にしたがって発言し、行動するからだ。

だから君は、そんなことに気を取られることなく、小宇宙である君自身の自然と大宇宙の自然にしたがって、まっすぐに歩きつづけるべきなのだ。この二つの「自然」はじつは同じものなのだ。

（5－3）

自分本来のリズムを取り戻す

周囲の環境のせいで自分の心がかき乱されるときは、全身全力で自分自身に戻り、自分本来のリズムからはずれてしまわないようにすること。なぜなら、たえず内面の調和（ハーモニー）に戻っていくことで、よりしっかりと調和をものにすることができるようになるからだ。

（6－11）

135

K

信念をよみがえらせよ

「これで行くのだ!」という自分の信念が生命力を失ってぐらついてしまうのは、信念を支えている具体的な内容が消え去って、抽象的なものとなってしまうからだ。だが、自分の意志でたえず考えを呼び起こし、信念の炎をふたたび燃え上がらせることはできる。

「私は、どんなことについても、必要に応じて自分の意見をもつことができる。もしそれができるなら、いったいなにが私を悩ませているというのか? 自分のものではない他人の考えなど、自分にはまったく関係ないことだ」

このことを学べば、君は自分の信念でまっすぐに立つことができる。君は自分の力で、よみがえることができる。ふたたび以前とおなじように、ものごとを見るのだ。よみがえるとは、まさにそのことにあるのだから。

(7-2)

136

ㄷ

誰がなんと言おうが私は私だ

誰がなにをしようが、なにを言おうが、私は善くあらねばならない。あたかもゴールドやエメラルド、あるいはムラサキガイがいつも言うように、「誰がなにをしようが、なにを言おうが、私はあくまでもエメラルドであって、輝きつづけなければならないのだ」と。

（7－15）

K

自分自身にだけ注意を払え

なにか起こるたびに、かつておなじような目にあっていらだち、おかしなことだとケチをつけた人たちのことを思い浮かべてみるといい。かれらは、どこにいってしまったのだろうか。いまはもう、どこにもいない。

ではなぜ、君もまたおなじように行動しなくてはならないのか？　なぜ君は、こうした自然に反したことをする人たちや、そうせざるをえない人たちにまかせておかないのか？　なぜ君は、こうしたできごとをうまく活かして、ただしい道を歩こうとしないのか？

そうすれば、こうしたできごとを君はうまく活用することができるだろうし、そのための材料にもなることだろう。

なにごとにおいても、自分自身にだけ注意を払い、善き人になろうと願うことだけに専念すべきなのだ。

（7－58）

138

他人に嫌われても気にしない

もし他人が君のことを非難したり嫌ったり、なにか傷つけるようなことを言ったとき、そういう人に近づいて魂のなかに入り込み、どんな人なのか観察してみるといい。

そうするとわかるだろう。君についてどう思おうが、心をわずらわせる必要などないということが。

とはいえ、君はその人に好意的でなければならない。もともとは君の友人なのだから。神々もまた、夢やお告げなどあらゆる手段で、その人の願いが叶うように助けてくださるのである。

（9－27）

139

ᛒ

他人から非難されても気にしない

眠りからさめたら、すぐに自問してみること。

「君がこれまでやってきた、ただしいこと善いことが他人から非難されたとして、それが君にとってどんな意味があるというのか？」

いや、非難されようがされまいが、なんの違いもないだろう。

まさか君は忘れていないだろうね、他人を賞賛したり非難したりする尊大な連中は、ベッドのなかでも食卓でもそんな風にふるまっているのだということを。また、かれらがなにをして、なにを避け、なにを追い求めているか、そしてなにを盗み、なにを奪い取っているかを。それも自分の手足をつかってではなく、人間にとってもっとも大事な部分、つまり、もしそうしようと思えば信義、謙虚さ、真実、法、幸福が生み出されるはずの精神をつかって、そのようなことをしているのだということを。

だから、そんな連中に非難されようがされまいが、いっさい気にする必要はないのだ。

（10－13）

140

自分の判断を軽視するな

私はしばしば疑問に思ってきたのだが、どんな人でも自分のことを誰よりも愛しているのに、なぜ自分自身の判断を、他人の判断より軽視してしまうのだろうか。

もし神や賢い教師がその人の前に現れて、「ただちに大声で叫んで表現できないようなことは、心のなかで考えたり、企てたりしてはいけません」と命じたらどうなるだろうか。おそらく、そんなことは恥ずかしくて、たった一日だって耐えられないだろう。

だから、私たちは自分については、自分が思っていることよりも、隣人が自分のことをどう思っているかのほうを重視してしまいがちなのである。

(12-4)

141

K

そういう人なのだと受けとめよう

その手の人間が、そういうことをするのは当然であり、必然でもある。

その人にそうして欲しくないと思うのは、イチジクの木に乳液を出すなと命令するようなものだ。

だが、ぜひつぎのこのことを覚えておくべきだ。あっという間に、君もその人も死んでしまうこと、そして君の名前も彼の名前もともに、跡形もなく消え去ってしまうということを。

(4-6)

本人に気づかせてあげればいい

腋臭《わきが》がひどいからといって、その人に怒るのか？　口が臭いといって、その人に怒るのか？　いったいその人は、どうしたらいいというのか。そんな口であり、腋であるのだ。そんなニオイが、そんな口や腋から発散されるのは当然ではないか。

「ちょっと考えてみれば、なにが人の気にさわるくらいわかっていいはずだ」と、誰かが言うだろう。

それはもっともなことだ。だが、君にも理性というものがあるだろう。理性をつかって、その人に気づかせてあげたらいい。もしその人が聞き入れてくれるなら、自分で適切な治療を受けることになるだろうし、その人に怒る必要もなくなるのだ。

（5－28）

143

K

セルフコントロールが重要だ

私の見解では、もっとも高く評価されるのは理性にしたがって自分を動かしたり止めたりすることである。つまり自分をコントロールすることだ。

それは、あらゆる職業と技術が目指すものでもある。どんな技術も、意図したとおりに仕上げることに目標をおいている。ブドウを栽培するワイン農家も、ウマの調教師も、イヌの訓練士もみな、この目的で仕事に従事している。若者の教育や授業もまた同じだというべきだろう。

これこそが高く評価されるものだ。コントロールが重要であることさえしっかりと押さえておけば、それ以外のことを追い求める必要はなくなることだろう。それでもなお追い求めるのをやめないというなら、君は自由でもなく、自分の幸福に満足することもなく、激情から逃れることもできないだろう。

(6-16)

144

ᛒ

他人の間違いを許す

なんて残酷なことなのだろう、自分にとってふさわしく、しかも自分のためになるようなことにむかって励んでいる人たちに、それを許さないなどというのは!

かれらが過ちを犯しているからといって腹を立てるのは、ある意味では許していないも同然だ。というのは、人は自分にふさわしく、しかも自分のためになるものごとに引き寄せられるのは当然なことだからだ。

「でも、そんなことはない。かれらが間違っているのだ」

それなら、そうではないことを教え示してやるべきだ。怒ることなく。

(6―27)

145

R

怒りの表情は自然に反する

顔に怒りの表情があらわれるのは、まったくもって自然に反したことだ。それがしばしば見られるときは、魅力が消え失せてしまうだけではない。ついに完全に消滅してしまうと、ふたたび魅力が蘇ってくることはないのである。

（7-24）

146

ß

似た者どうしだと考えれば怒りもおさまる

誰かが君に対して過ちを犯したとき、その人が善と悪にかんしてどのような判断にもとづいて過ちを犯したのか、ただちに考えてみることだ。その点がわかれば、憐れみを感じて気の毒に思うことがあっても、驚くことも怒ることもないだろう。

というのも、善いことにかんしては、君自身がその人と似たり寄ったりのことを考えているだろうからだ。そのときは、許してあげるのが君の義務である。だが、もしその過ちが、もはや善でもなく悪でもないと君が考えるのなら、誤っている者に好意的にふるまうことは、すぐにでもできることだ。

（7－26）

147

想像力が苦痛を増大させる

苦痛を感じたときには、自分にこう言い聞かせたらいい。

苦痛は恥ずべきものではないし、知性を退化させるものでもない。というのは、知性が理性的で社会的であるかぎり、苦痛が知性にダメージをあたえるわけではないからだ。

たいていの場合、エピクロス*のことばが君を支えることになるだろう。

「苦痛には限界があり、苦痛を増大させるのは想像力だということを記憶さえしておけば、苦痛は耐えられないものでも永久につづくものでもない」

つぎのことも記憶しておくとよい。すごい眠気や熱中症、食欲不振といった不愉快なことは苦痛にほかならないのに、人はそれと気づかないだけなのだ、と。

こうしたことに悩まされているときには、自分にこう言って聞かせることだ。

「君は苦痛に屈服しているのだ」

（7－64）

＊エピクロス：ヘレニズム期の古代ギリシアに生きた快楽主義哲学者。

148

他人に怒っても意味がない

たとえ君が怒りを爆発させたとしても、かれらはまったく意に介さずにおなじことをやりつづけるだろう。

（8－4）

怒りの原因を取り除いてやる

誰かのあやまちに腹が立つときは、自分をふりかえって、自分自身もおなじような誤りをしていないか反省してみるべきだ。

たとえば、カネや快楽、多少の名声などを善いものだと考えることなどを、誤りとして数えあげることができる。このことに注意を向けると、すぐにでも怒りを忘れてしまうだろう。

さらにこう考えてみるといい。この人は、怒るように強いられているのだ、と。そうでなかったら、この人はどうしたらいいのだろう。もし君にできるなら、その人に怒りを強いている原因を取り除いてやることだ。

（10―30）

150

K

コントロールできること、できないこと

もしなにか問題が発生したとき、それが君自身でコントロールできることなら、君が対応するのは当然だろう。

だが、もしそれが自分でコントロールできないものであるなら、いったい君は誰を責めるというのだ？　原子までさかのぼって責めるのか？　それとも神々までさかのぼって責めるのか？　どちらもバカげている。誰も責めてはならないのだ。

もし君にできるなら、問題の原因を修正することだ。もしそれができないのなら、すくなくとも問題そのものを修正することだ。もしそれすらできないのであれば、誰かを非難することになんの意味があるというのか？

なにごとも目的なしに行ってはならない。

(8-17)

151

ß

腹を立てるのは弱さの現れだ

ただしい理性にしたがって進んでいる君の前に立ちはだかる者たちがいる。かれらが君を健全な行動から逸脱させることはできないように、君もまたかれらに対する好意から君を追い立てないようにしなければならない。

いや、それだけでなく、つぎの二点にかんしては等しく自分を見張っていなくてはならない。まずは、判断と行動がゆるがないかどうかについて。そして、君を妨害しようとしたり、迷惑行為をしてくる者たちに対して穏やかな態度をとっているかどうかについて。

かれらに腹を立てるのは、弱さの現れである。やろうとした行動を転換し、恐怖のあまり降参してしまうのとおなじことになる。恐怖にふるえあがる者、生まれながらの仲間や友人から疎外される者は、これらはともに等しく自分の持ち場を捨てた脱走者である。

(11-9)

VII

毎日を人生最後の日として過ごせ

152

（山）

どんな人にも長所がある

たしかに、君はそれほど頭の切れる人ではないかもしれない。たとえそうだとしても、「自分はそういう生まれつきの人ではない」とは言えないほど、君には長所がたくさんあるはずだ。そんな長所を、目に見えるように人前で発揮することだ。

誠実さ、重厚さ、忍耐力、快楽を好まないこと、自分の運命を呪わないこと、わずかなもので事足りる質素さ、慈悲深さ、率直さ、余計なものを好まないこと、寛大さ。数え上げてみれば、じつに多くの長所があるじゃないか。これなら、生まれつき持ち合わせていないとか、自分には合ってないとは言えないだろう。それでもなお、みずからすすんで低いところにとどまろうというのか？

もし欠点があるとすれば、どちらかというと理解が遅くて鈍いと責められることくらいだろう。だが、この欠点も克服すべきであって、自分が鈍いことを無視したり、自慢したりしてはいけない。

（5－5）

153

(山)

人の長所について考えることは喜びだ

落ち込んでいるときに自分を喜ばせたいと思ったら、君といっしょに暮らしている人たちの長所について考えてみることだ。

たとえば、この人については活動的であること、あの人については謙虚さ、三番目の人については気前よさ、四番目の人から先はそれぞれの人がもつ長所について。さまざまな美徳が、自分の身の回りにいる人たちに体現され、そんな人たちが可能な限り一緒に集まって美徳を発散しているのを見るときほど、心喜ばせてくれるものはない。

だからこそ、そんな光景がいつでも目に浮かぶように、心のなかにイメージとしてもっておくべきなのだ。

（6－48）

154

山

毅然として立ち続けよ

海岸に突き出た岬のようであれ。たえまなく波が打ち寄せては砕け散っても、毅然として立ち続ける岬の周りでは、荒れ狂う波も穏やかになる。

（4－49）

155

(山)

不運を気高く耐え抜くことは幸運だ

「私はなんて不幸なのだろう、こんなことが起こるなんて」

いや、そんなことはない。

「私はなんて幸せなのだろう、こんなことが起こっても苦痛からは解放されているし、現在に押しつぶされてもないし、未来を恐れてもないのだから」

こういうことは、誰にでも起こることだ。だが、こんな状態のとき誰もが苦痛から解放されているわけではない。ではなぜ、あれは不運ではないのに、これは幸運であるといえるのだろうか？

なにかつらい目にあったときには、いつでもつぎの原則を忘れないことだ。「これは不運なことではない。この不運を気高く耐え抜くことは、じつに幸運なことなのだ」

（4―49）

最短コースを走れ

つねに最短コースを走れ。それは自然にしたがった道だ。もっとも健全なやり方で、言ったり行ったりするように。なぜなら、そういう目標をもてば、トラブルや争いごとに巻き込まれることも、策をめぐらしたり、これ見よがしな態度をとる必要もなくなるからだ。

（4－51）

ただしい道を歩けば幸福になる

ただしい道を歩み、ただしく考え、ただしく行うことができるなら、君はよどみなく幸福な人生を送ることができる。神々の魂にも人間の魂にも、またありとあらゆる理性的な存在にも共通しているのは、つぎの二つのことだ。自分以外の他人に妨害されないこと、ただしいことを考え実践することに善があり、欲求をそこに限定すること。

（5－34）

158

最高の復讐とは

最高の復讐とは、自分自身が相手のようにならないことだ。

(6-6)

159

いま生きている人をほめよ

なんて奇妙なことをしているのだ！　ともに同時代に生きている人たちのことをほめようとせず、いまだ見たこともなく、これから見ることもない後世の人たちに賞賛されることを重視しているとは。だがこれは、君よりはるか昔に生きていた人たちが、君のことを賞賛しなかったからといって悲しむのと、よく似ているのではないか。

（6－18）

160

人間ができることは自分にもできる

たとえ君自身がむずかしいからといって、それが人間にはできないとは考えないように。だが、もしそれが人間にできることで、しかも人間がやるのにふさわしいものなら、君にもできると考えるべきだ。

（6―19）

真実を追い求めても損害はうけない

もし誰かが、私の判断や行動が間違っていると指摘し、納得させてくれるなら、よろこんで改めたい。というのは、私は真実を追い求めているのであり、真実を追い求めて損害をうけた者はいないからだ。損害をうけるのは、むしろ自分の心を欺き無知にとどまりつづける者である。

（6－21）

山

目を覚まして現実を見よ

正気に戻って、自分を呼び戻せ。眠りから目を覚まし、君を悩ませていたのは夢にすぎないと気づいたら、まどろむ前に見ていたように、いま目の前にある現実をさめた目で見つめることだ。

（6－31）

163

四

原理原則にこだわる

熟練の職人たちは、ある程度まではシロウトの発言に話を合わせる。だが、技術の原理原則には固くこだわり、原理原則から逸脱することには絶対に我慢できない。そういった職人たちの流儀に、君は気づいているだろうか。

建築家や医者が、それぞれの専門分野で技術の原理原則をリスペクトしているほどには、自分の内なる原理原則である理性に責任を感じない人がいる。それは、じつにおかしなことではないだろうか。

（6－35）

164

心

幸福は自分の行動にある

名声をこよなく愛する者は、幸福は自分を賞賛する他人の言動にあると考える。快楽に身をまかせる者は、幸福は自分の感覚をとおしてやってくるものと考える。叡智を身につけた人は、幸福は自分の行動にあると考える。

(6-51)

165

熱中している内容で人間の価値は決まる

パレードへのむなしい熱中、舞台で演じられるお芝居、ヒツジや家畜の群れ、長槍を投げ合う戦闘、ほうり投げられた骨をめぐって争う子犬たち、池に投げ込まれた一切れのパンに群がる魚たち、もくもくと獲物を運んでいる働きアリたち、おびえて右往左往して走り回るネズミたち、糸であやつられた人形、などなど。人間のありさまとは、例えていえばこのようなものだ。

だが、覚えておくといい。人間の価値というものは、その人がなにに熱中しているかで決まってくるのだ。こころざしが高ければ、その人の価値も高いが、つまらないものに熱中していれば、その人の価値も低い、ということになる。

（7―3）

166

過ちを犯した人もおなじ人間だ

過ちを犯してしまう者たちすら愛するのは、人間の特権だ。このような考えは、つぎのことを思えば、すぐにでも生じてくる。

かれらは君とおなじ人間であり、無知のため意に反して過ちを犯してしまうのである。そして、かれらも君もまもなく死んでしまう。過ちを犯した者は、君に対してなにも損害をあたえていない。というのも、司令部である君の理性は、以前とくらべてまったく悪化していないからだ。

（7-22）

167

(山)

肉体も安定しているべきだ

動いているときでも静止《じっと》しているときでも、肉体は安定しているべきだ。というのは、精神が知的で落ち着いた表情として顔にあらわれるように、おなじことが肉体全体にも求められるべきなのだ。だが、こうしたことはすべて、わざとらしいものであってはならない。

(7-60)

非人間的な人間にも悪感情はもたない

非人間的な人間が人に対して持つような悪感情を、たとえ非人間的な人間だからといって、かれらについてもたないよう気をつけることだ。

（7－65）

169

どんな状況でも冷静になる

たとえ世界中が君に対して好き勝手なことを大声でわめきたてようと、たとえ野獣が君の肉体を食いちぎってかみ砕いてしまおうと、衝動に身をまかせることなく心静かに生きること。

こうした状況のなかでも精神が平静さをたもち、周囲のできごとをただしく判断し、目の前にあるものごとを活用する用意をさまたげるものは、じつはなにもないからだ。

だからこそ、どんなできごとに直面しても、「たとえ他人には違って見えたとしても、それが君の本質なのだ」と判断する力が君にはあるはずなのだ。

（7－68）

山

毎日を人生最後の日として過ごせ

完全な人格とは、激することもなく、麻痺することもなく、なにかのふりをすることもなく、毎日を人生最後の日として過ごすことにある。

(7-69)

171

山

精神的な余裕が大事だ

君には読書する余裕がない。だが、自分が傲慢になっていないかどうかチェックすることはできる。快楽や苦痛を超えた余裕をもつことができる。名声を愛する気持ちや、愚かで恩知らずな人びとにいらついたりすることを超えることができる。それだけではなく、かれらの面倒をみてやることもできる。

（8－8）

172

山

快楽は有益でも善でもない

後悔とは、なにか自分にとって有益なものごとを見逃してしまったことへの自責の念のようなものだ。だが、有益なことは善いことであり、善き人は善いことを得ようと追い求めるものだ。ところが、そのような善き人は、快楽を拒んだからといってけっして後悔することはない。快楽は、有益でも善でもないからだ。

（8―10）

173

山

意見を変えるのも自由な活動だ

自分の意見を自発的に変え、誤りをただしてくれた人にしたがうことは、自分の考えにあくまでも固執することとおなじく、自由な活動であることを覚えておくといい。なぜなら、それは君の意思と判断、知性にしたがってなされた君自身の活動であるからだ。

（8－16）

174

山

君はなんのために生まれてきたのか？

ウマだろうがブドウの樹だろうが、この世に存在するものすべてに目的がある。なぜ君は驚くのだ。太陽ですらこう言うだろう。「自分は、自分の目的をはたすために存在するのだ」と。そのほかの神々もまた、おなじことを言うだろう。

では、君はなんのために生まれたのか？　快楽のためか？　これが質問に対する答えになっているかどうか、よくよく考えてみることだ。

（8－19）

175

（Ⅱ）

きょうできることは先延ばしするな

それが意見だろうが、行為だろうが、ことばだろうが、目の前にあることがらに注意を向けること。君がそんな目にあうのは当然だ。きょう善き人になろうとしないで、あした善き人になろうというのだから。

（8－22）

VIII

自分の道をまっすぐに進め

176

自分の人生を築くのに邪魔者はいない

行動の一つ一つをつうじて、君は自分の人生を自分自身で築き上げていかなくてはならない。個々の行動を可能なかぎり、人生構築という大きな目的の達成に向けることができるなら満足すべきだ。だれ一人として妨害することはできない。

「だが、なにか外部から邪魔が入るのでは……」

いや、ただしく着実に、思慮深く行動するなら、君の邪魔をするものはなにもないだろう。

「だが、ほかの行動が妨害されたとしたら……」

まあ、それはありうることだ。そのときは、妨害そのものをこころよく受け入れて、自分に許されるほかの行動に転換することだ。それができれば、たちどころに代わりとなる行動が目の前にあらわれてくるのであり、いま話題にしている人生構築にピッタリとあてはまるのである。

だから、なにも心配することはない。

（8－32）

177

執着せず思い切りよく手放す

傲慢になることなく受け取り、思い切りよく手放す心の準備をしておくこと。（8－33）

178

仲間から離れてしまうのは利己的な人

手足や首が胴体から切り離されて、バラバラになった状態で地面に散乱しているのを見たことがあるだろうか？

自分の身に起きることに満足せず、利己的な行動をして自ら仲間から離れていってしまう人は、自分で手足や首を切ってバラバラ死体になるのとおなじようなことをしていることになる。それはどういうことかというと、全体から部分を切り離すことになるからだ。つまり、君はおのずから一つになっている状態から、自分を切断してしまったことになるのだ。

（8－34）

179

人がいやがることは自分にもするな

自分で自分を苦しめるなんて、ただしいはずがないではないか。なぜなら、私は他人に対してすら、意図的に苦痛をあたえたことなどないからだ。

（8–42）

他人にやさしくすることは喜びだ

心を喜ばせるものは、人によってさまざまだ。だが、私にとっての喜びは、つぎのようなものだ。精神の司令部である理性が健全さを保ち、他人をきらって背を向けたり、人びとに起こることから目をそらして知らないふりをしたりすることなく、あらゆるものを温かい目で見て受け入れ、それぞれの価値に応じて活用すること。これが私にとっての喜びだ。

（8－43）

181

悪事は自分自身に対する不正行為だ

悪事をはたらく者は、自分自身に対して悪事をはたらいている。不正行為をする者は、自分自身をおとしめることになるので、自分自身に対して不正行為をしていることになる。

（9－4）

あることをしたために不正行為となるだけでなく、あることをしないために不正行為となることもある。

（9－5）

182

いまこの瞬間に満足する

いまこの瞬間に確信にもとづいて判断し、いまこの瞬間に自分の利益だけを考えずに行動し、いまこの瞬間に自分の外部で起こることすべてに満足して不平を言わないこと。それで十分じゃないか。

（9－6）

183

過ちを犯した人に寛大であれ

もし君にできるなら、過ちを犯した人に教えさとしてあげなさい。だがもし君にできないなら、そういう場合にこそ、大目に見るという態度も必要になることを思い出すべきだ。神々もまた、そういう人たちには寛大であり、健康やカネや名声といったものを手に入れることを助けもする。神々は、それほど慈悲深いのだ。君にもそれはできるはずだ。誰が君の妨げとなるというのか？

（9－11）

184

Υ

なにごとにも動じない心をもつ

自分の外側で生じることには、動じないこと。
自分の内側から生じることには、公正さがあるように。
意思と行為は、社会的に行動することで完結するように。
なぜなら、君はそうするように生まれついたのだから。

（9－31）

185

人間の限界を超えることは神々に祈れ

神々にはまったくパワーがないのか、それともパワーがあるのか、そのどちらか一つだ。

もしパワーがないのなら、なぜ君は神々に祈るのだ？

もしパワーがあるなら、なぜつぎのようにしないのだ？

「悪いことが起こりませんように」とか、「よいことが起こりますように」と祈ったりせずに、「自分が恐れるものを、いっさい恐れないように」、「自分が欲しいと思うものを、いっさい欲しいと思わないように」、「なにが起こっても悲しまないように」と祈らないのか？

もし神々が人間に協力できるとすれば、こういった願いごとは確実に叶えてくださるものだ。

「自分の力でなんとかなることは、神々は助けてくださらない」なんて、誰が言ったのだろうか。さあ、とにかく祈りはじめてみよう。きっとその効果がわかるはずだ。（9－40）

186

悪人がこの世に存在しないことはありえない

他人の恥知らずな行為に腹が立ったときは、ただちに自問してみるといい。「恥知らずな人たちがこの世に存在しないなんて、ありえるのだろうか？」いや、そんなことはありえない。だから、ありえないことなんか求めてはいけない。その人もまた、恥知らずな人びとの一人にすぎないのだから。

悪党やペテン師、その他あらゆる悪事をなす人に対しても、おなじように考えるべきだ。こういった人たちが、この世に存在しないなんてありえないと考えれば、その一人一人に対してはやさしい気持ちにもなるだろう。

（9－42）

187

誰一人として君の精神に害を与えることはできない

迷える者に対しては、おしえさとして行動を改めさせることはできる。なぜなら、あやまちを犯してしまう者はみな、目標を見失って道に迷っているのだから。そのほか、君はどんな被害を受けたというのだろうか？　君が腹を立てている人たちのなかには、誰一人として君の精神をそこなうようなことをした者などいない。君にとって悪しきこと、害をあたえるようなものは、君の精神のなかにしかないのだ。

（9－42）

188

恩知らずを責める前に自分を責めよ

善悪の判断を欠いた無教養な者がしてしまったことに、いったいどんな奇妙で新奇なことがあるといえるのだろうか？　そういう人が、そういう風にあやまちを犯してしまうことを予期しなかった君のほうこそ責められるべきだと考えてみるといい。なぜなら君にあたえられた理性の力でそう考えることができるのに、それを忘れて驚いてみせたりするからだ。

だが、不誠実で恩知らずだといって誰かのことを責めるときには、まずは自分自身を省みなくてはならない。つぎのように考えれば、あきらかに君が悪いからだ。約束は守るはずだろうとそんな人を信頼したことだけでなく、恩恵をあたえたことだけに満足すべきなのに、そこから感謝やなにか見返りを得ようとしたのだから。

（9－42）

人間は耐えられるように生まれついている

生じるものはすべて、もともと君に耐えられるものか、もともと君には耐えられないものか、そのどちらか一つだ。

もしそれが、もともと耐えられるものであるなら、不平を言うことなく耐えるべきだ。

もしそれが、もともと耐えられないものであっても、不平など言うべきではない。なぜなら、苦しさに耐えられなくなる前に、君はすでに消滅しているからだ。

しかし、つぎのことは覚えておくとよい。自分のためになるとか、そうするのが義務だと考えるものであれば、自分の考え方ひとつで耐えられるし、苦しさをやわらげることもできる。だからこそ、君はもともと耐えられるように生まれついているのだ、ということを。


（10－3）

よい評判を裏切ってはならない

善き人、慎み深い人、正直な人、思慮深い人、協調的な人、心が大きく広い人。君がそういう呼び名をもらったなら、名前を裏切らないように注意しなくてはならない。もし、そんな善い名前を失うようなことをしてしまったら、すぐにでもその名前をとり戻さなくてはならない。

「思慮深い人」というのは、個々のものごとを細心の注意と集中力をもって、ありのままの状態で理解しようとする人のことだ。「協調的な人」というのは、自分に割り当てられた役割を自発的に受け入れる人のことだ。「心が大きく広い人」というのは、知性が快楽や苦痛といった肉体の感覚を超えている人のことであり、さらに知性が名声や死など、その種のものすべてを超えている人のことだ。

君が善い名前にふさわしい人でありつづけ、しかも人からそう呼んでもらいたいと思わなければ、君は別人となり、別の人生に踏み出すことになってしまうだろう。

（10－8）

191

自信をもって自然体で取り組め

おどけ芝居、戦い、恐れ、麻痺、束縛。こういった人生をとりまくさまざまなわずらいごとが寄り集まって、君がこれまで築き上げてきた聖なる信念を日々消し去っていこうとしている。

だが、そうならないためには、君はなにを見る際にも、なにをする際にも、つぎのようにしなければならない。やらなくてはならない仕事は実務的に処理しながら、同時に思考力も働かせること。また、知識をもっていることから生まれる自信をもちつづけること。ただし、その自信は、あえて見せびらかすことも、わざわざ隠すこともない。

(10-9)

192

自分の道をまっすぐ前に進め

なにをなすべきか、自分の力で探し求めることができるのに、なんで十分考えもせずにあれこれ想像したりするのか？

もしはっきりと見えるなら、ほがらかに自分の道をまっすぐ前に進み、引き返したりしないこと。

もしはっきりと見えないのなら、いったん立ち止まって、最適なアドバイスに耳を傾けること。

だがもし、行く手に立ちはだかるものがあれば、状況がゆるすかぎり、ただしいと思われるものを守りつつ、熟慮のうえ前進するのだ。

（10－12）

193

つべこべ言わずに実践せよ

善き人が、どんな人であるべきかなど、もうこれ以上論じてもしょうがないじゃないか。つべこべ言わずに善き人になればいい。

（10－16）

194

執着を捨てよ

どんなことをするときにも、いったん立ち止まってこう自問してみること。

「これができなくなってしまうというからといって、死ぬのが恐ろしいのか?」

(10-29)

195

あらゆる障害は利用できる

あらゆる障害は、肉体に影響をあたえるにすぎない。障害に正面から向き合わずに回避したほうがいいという誤った思い込みや、理性がみずから障害に屈服してしまう場合をのぞいて、理性が障害に押しつぶされることも、その他どのような害も受けることはない。もしそうでなければ、障害を受ける者は、たちどころに悪化してしまうはずだ。

人間とはちがって構造物の場合、障害を受けると劣化してしまう。だが理性をもつ人間の場合は、障害を受けた状況をただしく利用することによって、さらに賞賛に値する人にもなるのだ。

（10－33）

196

なぜ自分はこれをするのか？

誰かがなにかをするとき、自分にこうたずねてみる習慣を身につけることだ。
「どういう目的で、この人はこれをするのだ？」と。
だが、この問いは、まずは自分に向けてみるべきだろう。
「どういう目的で、自分はこれをするのだ？」と。

（10―37）

197

社会のためにすることじたいが報酬だ

私は、なにか社会のためになることをしただろうか？　もししたのであれば、すでに報酬は得たことになる。この心構えをつねに意識して、善いことをするのをやめないように。

（11－4）

198

#「おなじ木で育っても、原則は違っていい」

隣の枝から切り離された一本の枝は、木の全体から切り離されざるをえない。人間もまた、一人の隣人から切り離されたら、人間社会全体から脱落することになる。枝にかんしていえば、枝ではない別のものが切り離すのだが、人間は隣人を嫌悪して背を向け、自分から離れていく。そのとき人間は、自分が社会全体から脱落したことを知らない。

だが、このような人間社会からの離反がたびたび起こると、ふたたび結びついて元の状態に戻ることがむずかしくなる。全般的にいって、最初から木といっしょに育ち、呼吸をともにしてきた枝は、庭師が言うように、切り取られたあと接ぎ木された枝とはちがうのである。

「おなじ木で育っても、原則は違っていい」

これが教訓だ。

（11－8）

心のなかでも不平不満はもたない

誰かが私を軽蔑しているとしよう。だが、それはその人の問題だ。私としては、軽蔑に値するようなことをしたり、言ったりすることを人前でさらさないようにするに尽きる。

誰かが君を嫌っている？　だが、それはその人の問題だ。私としては、どんな人に対しても親切で好意的であるだろうし、その人に対しても間違いを指摘してあげる用意がある。ただし、非難がましい態度ではなく、忍耐していることを見せつけることはなく、正直で寛大な態度で指摘するのである。

心のなかはそうあるべきであり、不満足であったり文句を言ったりする姿が神々に見られてはいけないのだ。

（11－13）

200

見て見ぬふりをしてはいけない

悪いやつらに、他人に害をあたえないよう期待するのは狂気の沙汰。それこそ、不可能を望むのとおなじことだ。

悪いやつらが他人に害をあたえるさまを見て見ぬふりをしながら、自分だけは例外だと期待するのは、どだい無理な話であり、暴君のふるまいとしかいいようがない。

（11－18）

201

人生の目的を明確にせよ

人生に首尾一貫した目的がなければ、首尾一貫した人生を送ることはできない。だが、これだけでは十分ではない。人生の目的がどうあるべきかを明確にしておく必要がある。

世の中のすべてのものごとについて、善いことはなにかという共通認識など存在しない。ただし、共通の利害関係については例外だ。だからこそ、私たちがめざす目的は、社会的に共通で、政治的に共通のものでなければならないのだ。

意欲のすべてをその目的に向けるなら、その人の行動は首尾一貫したものになるだろうし、またその人の人生もつねに首尾一貫したものになるだろう。

(11―21)

202

不得意なことでも習熟できる

たとえ達成不可能だと思われることであっても、習熟することが大事だ。右手が利き手の人にとっては、ふだんあまり使わない左手は不器用なままだろう。

だが、馬に乗って手綱を握る際には、右手より左手のほうが力強く握っているはずだ。それは左手が習熟してきたからだ。

(12－6)

203

総合格闘家を見習え

原則を適用する際には、剣闘士（グラディエーター）ではなく、総合格闘家のようであるべきだ。剣闘士は、剣はふだん鞘にしまっておいて使うときだけ手にするが、総合格闘家は、いつでも自分の手を握りしめ拳《こぶし》にして使うことができる。

（12－9）

204

最後の瞬間まで輝きつづけよ

ランプの火は、燃料のオリーブオイルが切れてしまうまで輝きつづけるものだ。だが、君の内なる真理と正義と自制心は、君の生命の火が消えてしまう前に、はやくも消えてしまうというのか？

（12–15）

205

あやまちを犯した人は自分自身を責める

なにかあやまちを犯したような印象をただよわせている人がいたら、「どうして、これがあやまちだと私にわかるのか?」と自問してみるといい。

もしその人がじっさいにあやまちを犯していたとしても、「その人は自分自身を責めている。自分で自分の顔を傷つけているのだ」と考えてみるといい。

(12-16)

全身全霊で正義を行え

不安のない人生を送るには、個々のものごとについて、素材がなにか、そしてどのような原因でつくられているか、そのすべてを徹底的に観察してみることだ。そして、全身全霊で正義を行い、真実を語ることである。

善いことを途切れることなくつづけて行うことで人生の喜びを知る以外に、いったいなにが残されているというのだろうか。

（12－29）

IX
死を想え

207

ゆ

名声はむなしい

名声がほしいという欲望が、君を苦しめるのだろうか。だが、あっという間にすべてが忘れ去られていくのを見るといい。過去と未来の双方に開いた無限の深淵に、すべてが飲み込まれていくのを見つめるといい。

拍手喝采のむなしさ、賞賛しているかのように振る舞う人びとの心変わりの早さ、思慮のなさ、名声が通用する範囲がいかに狭いものであるか。

地球全体が点であり、この世界の片隅には人などほとんど住んでおらず、そこに住むわずかの人のうち、いったいどれだけの者が君を賞賛するというのか。

（4－3）

ゆ

死後の名声など無意味だ

死後の名声を熱烈に求めている者は、自分自身だけでなく、自分のことを覚えている人たちも、いずれはみな死んでゆくということを考えもしない。

名声は、つぎの走者に点火したあとは消えてしまう、松明《たいまつ》リレーのように引き継がれていく。だが、賞賛されながらも消えていき、最終的にはその記憶全体も消滅してしまう。

だが、名声を記憶する人びとが死ぬことがなく、その記憶もまた消えることがないと仮定してみよう。それが、いったい君にとってなんだというのだろうか？　私が言いたいのは、すでに故人になってしまった人にとっての意味ではない。いま生きている人にとって賞賛とはなんだろうかということだ。確実に役に立つことなら、賞賛は意味あるものだといえるのだろうか？

いま君は、自然からの贈り物を受け取ることを拒否して、将来なにか言われるだろうことにしがみついているのだ。

（4−19）

209

ゆ

明日になったらすべて忘れ去られる

すべては一日限りのものだ。記憶するものも、記憶されるものも。

（4–35）

210

ゆ

死んだら名前ですらなくなる

まもなく君は、灰と骨になる。せいぜい名前だけになるか、あるいは名前ですらなくなる。名前は、音と響きに過ぎない。人生において価値あるとされているものは、むなしくて、腐っていて、取るに足らない。お互いじゃれあってかみあう子犬たちのように。笑ったかと思うと泣きわめく、ケンカ好きの子どもたちのように。信義や謙虚さ、正義も真実も、「この地上から去って天に昇ってしまった」。

なぜ君は、まだここにいるのか？　五感でとらえたものごとはうつろいやすく、けっして静止《じっと》していることはない。感覚器官は鈍いので、あやまった思い込みを受け取りやすい。魂は、血液から発散される気体に過ぎないのか？　そんな世界で名声を博したところで、むなしいではないか。

（5－33）

211

ゆ

あっという間に忘れ去られる

あらゆるものごとが忘れ去られるのも近い。あらゆる人から君が忘れ去られる日も近い。

（7-21）

ゆ

名声は海辺の砂の山のようなものだ

名声について。名声を追い求める人びとの精神がどのようなものであり、なにを避け、なにを追い求めているのか、よく見ることだ。

またつぎのことも考えにいれておくことだ。海辺の砂の山が、つぎからつぎへと砂が積みかさなって下にある砂が見えなくなってしまうように、人生においてもまた、あとから生じるできごとが積みかさなって、はじめのできごとは見えなくなってしまう。

（7－34）

213

ф

現在を自分へのプレゼントにしよう

さあ、現在というこの時を、自分へのプレゼントにしよう。死後の名声を追い求める人は、つぎのことを考えていないのだ。後世の人びともまた、現在生きている人間とおなじく耐えがたい存在だということを忘れている。そして、ともに死ぬべき者だということもまた忘れている。後世の人びとが君について、ああだこうだと言ったり評価することが、いったい君にとってなんだというのだ？

（8－44）

214

Φ

私たちを導くのは哲学のみだ

人生において時は一瞬である。物質は変化しているが、感覚は鈍い。肉体は衰え腐敗するが、魂は旋回する。運命は予測しがたく、名声は長続きしない。要約すれば、肉体は流れる川であり、魂は夢であり霧である。人生は戦いであり、旅人の一時的な滞在である。死後の評判とは、忘却のことだ。

では、なにが私たちを導くのであろうか？　それは哲学のみである。哲学こそ、内なるパワーが損なわれないよう、安全に危害から守ってくれるのだ。

（2－17）

215

Φ

さまようのは、もうやめよう

さまようのは、もうやめよう。

君はもう『覚え書き』や『古代ギリシア人とローマ人の言行録』、そして古典からの抜き書きなど、老後のために取っておいた本を再読することはないだろう。目の前にある人生の目的にむかって全力疾走するのだ。もし自分のことが気にかかるなら、根拠のない希望はすべて捨て去り、生きることが許されているあいだに自分を救うことだ。

（3－14）

216

ゆ

人生は短い

カラダをひっくり返して、それがどんなものであるか、よく見てみるといい。人間年を取るとどうなるのか、病気になったらどうなるのか、死んで腐敗したらどうなるのか。

賞賛する者もされる者も、記憶する者もされる者も、まことにもって人生は短い。しかも、すべてこの世界の片隅のことにすぎないのであり、この場所においてすら誰一人として一致する者はなく、自分自身とすら一致しない。地球全体もまた、宇宙のなかの一点にすぎないのだ。

（8－21）

217

Φ

死を怖がるのは子どもだけだ

死とはいったいなんだろうか。死それじたいを抽象的に眺めて、そこから連想されるものを論理的に分析すれば、自然界で進行するプロセス以外のなにものでもないことがわかるはずだ。いやそれだけでなく、必要不可欠なものである。

死を怖がるのは子どもだけだ。

（2－12）

死は恥ずべきものではない

死ぬことは、生まれることとおなじで自然の神秘である。複数の元素が結合し一つになり、ふたたび分解しておなじ複数の元素になる。どんな人にとっても、死は恥ずべきことではない。理性に反するものでも、人間の本性に反するものでもない。

（4－5）

219

ゆ

いつ死んでもたいした違いはない

「お前はあした死ぬか、確実にあさってには死ぬ」。そういうお告げがあったとしよう。君がもっとも卑劣な人間ではない限り、それがあさってだろうがあしただろうが、たいした違いはないはずだ。だから、何年もたってから死ぬことになろうと、あした死ぬことになろうと、それほどたいした違いではないと思うべきだ。

（4－47）

220

Φ

生きている者はいずれ死ぬ

たえずつぎのことを考えるように。

いかに多くの医者たちが、患者をのぞきこんで末期の近いことを周囲の者たちに知らせたあと、死んでいったことか。

いかに多くの占星術師たちが、なにやらおおげさに他人の死を予言したあと、死んでいったことか。

いかに多くの哲学者たちが、死や不死についてえんえんと議論を交わしたあと、死んでいったことか。

いかに多くの英雄たちが、数千人も殺害したあと、死んでいったことか。

いかに多くの暴君たちが、まるで自分は死なないかのように、おそるべき横暴さで人びとの命に権力を行使してきたあげく、死んでいったことか。

また、いかに多くの都市が、火山の噴火で壊滅したポンペイのように完全に死滅したことか。

数え上げればきりがない。（4-48）

221

ゆ

人生を満足して終えよ

君が知っている人たちが、つぎからつぎへと死んでゆくことを考えてみよ。ある人を埋葬した人が死に、そしてまた別の人がその人を埋葬する。すべてはつかの間のできごとに過ぎない。つまるところ、人間というものがいかにはかなく、取るに足らないものであるかを観察することだ。

きのうは精液の一滴だったものが、明日にはミイラか灰になっている。このほんのわずかな時間を自然にしたがって歩み、人生という旅を満足のうちに終わらせることだ。

熟したオリーブの実が、自分を生み出してくれた自然を祝福し、成長させてくれた木に感謝しながら落ちてゆくように。

（4－48）

222

ゆ

死ぬことも人生の行為の一つだ

君が自分自身の義務を果たしているときは、寒かろうが暑かろうが、どちらでもいいではないか。眠気があろうが十分に睡眠をとっていようが、悪く言われようが賞賛されようが、さらにいえば、死につつあろうが、なにかほかのことをしていようが、どちらでもいい。

死ぬこともまた人生の行為の一つだ。格言にあるように、死ぬこともまた、「いま手元にあるものをうまく処理する」だけで十分なのである。

（6－2）

死を恐れる必要はない

死を恐れる者は、感覚がなくなることを恐れるか、あるいは異質の感覚が発生することを恐れるのである。だがもし、死後は無感覚であるなら、どんな害悪を感じることもないだろう。別種の感覚を獲得するのであれば、別種の生きものとなり、生きつづけることになるだろう。

（8－58）

死を歓迎せよ

死を軽蔑するな。死を歓迎せよ。死もまた、自然の意思の反映だからだ。若いこと、老いること。成長すること、成熟すること。歯が生え、ヒゲが生え、髪の毛が白くなること。セックスして、妊娠、出産することなど、人生にともなうさまざまな自然のいとなみとおなじく、死もまた自然のいとなみの一つである。

だからこそ、死に対しては無関心ではなく、あせることもなく、軽蔑することもなく、自然のいとなみの一つとして死を待つことは、思慮深い人にとってはふさわしいことなのだ。

君がいま、妻の子宮から子どもが生まれ出るのを待っているように、君の魂が肉体という容器から抜け出ようとするのに備えるべきなのだ。

（9－3）

死と和解する

もし君が、平凡だが心にしみるような処世訓がほしいなら、死と和解するために、つぎのことをよく観察してみる必要がある。それは、去りゆく君があとにのこしていくものごと、そして君の魂がもはやかかわりあう必要がない人びとについてだ。

もちろん、かれらに怒りを感じる必要はないし、かれらに配慮してあげることも、おだやかに耐えることも君の義務ではある。だが、君は信念を共有する人たちから去るわけではないのだ。信念を共有する人からは去りがたく、別れを引き留める理由にもなる。

いまや君は、ともに生きるうえで、不一致からくるわずらわしさがいかに大きなものであるかを知っている。だから君は、こう言うことになるだろう。

「死よ、はやく来い！　かれらのように、自分を見失ってしまうまえに」

(9-3)

226

Φ

死は人生の移行期と同じだ

活動の完了や、なんらかの結論に達して判断を停止することは、ある意味では死のようなものであり、けっしてそれじたいが悪いことではない。

ライフステージのそれぞれに目を転じてみよう。人間は、幼年期から少年期、そして青年期から中高年期へと移行していくわけだが、つぎのステージに入るまえの移行期は死のようなものだ。なにか恐ろしいものがあるのだろうか？

さて、君が祖父のもとで過ごした日々、母のもとで過ごした日々、養父*のもとで過ごした日々を振り返ってみたらいい。そこに多くの違いや変化や停止を見いだしたら、自問してみるといい。「なにか恐れるものがあるだろうか？」と。

全人生が完了することも、人生が中断されたり、人生に変化があることもまた、まったく恐れる必要はないのである。

（9-21）

＊養父：マルクス・アウレリウスは3歳の時に実の父を失い、のちの皇帝アントニヌス・ピウスの養子となり、成人後はその娘と結婚している。

227

ゆ

すべては消滅する

君が見ているものはすべて、すみやかに消滅する。消滅していくようすを見ていた人もまた、すみやかに消滅していく。超高齢で死ぬ人も、未熟なまま死んでしまった幼児とおなじことになる。

（9－33）

死も自然にかなったものごとだ

どんな死にかたをしようが、死につつある者のかたわらには、かならず心のなかではそれを歓迎している者が何人かはいるものだ。誠実で賢明な人の死に際ですら、その例外ではない。

だから、死に際にこう回想すれば、君はおだやかに世を去ることができるだろう。「私はこんな人生から去ることになるのだ。私が奮闘し、祈り、気をつかってきた仲間たちでさえ、私がこの世を去れば、なんらかの利益が得られるだろうと期待しているのだ」

だが、そうだからといって、かれらに対する好意をなくして去ってゆくべきではない。ふだんと変わらず、友好的で、慈悲の心をもち、おだやかな態度を最後までたもちつづけるべきだ。

引き裂かれるようにではない。心静かに死んでゆく者の魂が、あたかも蝶がさなぎから抜け出て飛び立っていくように。

死もまた、自然にかなったものごとの一つである。（10−36）

229

ゆ

死ぬ覚悟をしておく

魂が肉体から切り離されるとき、たとえその結果が消滅だろうと、離散であろうと、存続であろうと、その覚悟ができている魂は、なんとすばらしいものであることか！

だが、その覚悟は、その人自身の判断によってなされるべきであって、外部の力への反抗からくるものであってはならない。熟慮のうえ、品位をたもつべきだ。他人を説得するためには、芝居じみた見世物とは無縁でなければならない。

（3－7）

230

Φ

寿命がくるのは悪いことではない

それがどんな活動であっても、しかるべきときに終わるのであれば、終わったという理由で害悪にはなることはない。その活動をした人が、この理由で害悪をこうむることもない。

おなじように、あらゆる活動で構成されているのが私たちの人生であるが、しかるべきときに人生が終わるのであれば、この理由で害悪をこうむることもない。また、この活動の連鎖をしかるべきときに終わらせる人も、害悪をこうむることもない。しかるべきとき、つまり限界とは、老年の場合のようにおのずから定まっている。

部分が変化して入れ替わっていくことで、宇宙全体はつねに若々しく、元気はつらつとしているのである。全体にとって善いことは、つねに美しくて時宜にかなっている。

したがって、どんな人にとっても人生の終わりは悪いことではない。

（12―23）

Φ

五年生きても百年生きても本質はおなじだ

人間よ、君は宇宙という この偉大な国家（ポリス）の一市民であった。それが五年のことであろうが百年であろうが、いったいどんな違いがあるというのか。宇宙の法のもとでは、すべての人がおなじ扱いを受けるのである。

君をこの宇宙という国家から送り出す者が、暴君でもなく、不正な裁判官でもなく、君のこの世に送り込んだのとおなじ「自然」であったなら、なにがつらいというのか？　それは、あたかも役者を雇い入れた芸術監督が、その役者を舞台から引きずり下ろすのとおなじようなものだ。

「でも、私は全五幕のうち三幕までしか演じておりません！」

「そうだろう。だが、人生においては、三幕でも完全なドラマとなるのだ。だから、心なごやかに出てゆきなさい！　君をこの世から解放する者もまた、なごやかに満足しておられるのだ*」

（12―36）

＊「自省録」は、この一文をもって全12巻が終わる。

参考文献

『自省録』のテクスト

『マルクス・アウレーリウス　自省録』（神谷美恵子訳、兼利琢也注、岩波文庫、２００７、初版１９５６）

『マルクス・アウレリウス「自省録」』（鈴木照雄訳、講談社学術文庫、２００６）

『マルクス・アウレリウス　自省録（西洋古典叢書）』（水地宗明訳、京都大学学術出版会、１９９８）

『アウレリウス　不動心——賢帝に学ぶ自己鍛錬の書』（草柳大蔵訳、三笠書房、１９８５）

The Communings with Himself of MARCUS AURELIUS, EMPEROR OF ROME, Revised Text and a Translation into English by C.R. Haines, Loeb Classical Library, Harvard University Press, 1916, 1930（ギリシア語原文と英語対訳版）

Emperor of Rome Marcus Aurelius. Thoughts of Marcus Aurelius, 1862 Kindle版.（「欽定訳」と呼ばれてきた定評のある英語訳）

Marcus Aurelius Meditations, A New Translation, with an Introduction by Gregory Hays, The Modern Library, 2002 （最新の英語訳）

関連書籍

『自省録——精神の城壁（書物誕生　あたらしい古典入門）』（荻野弘之、岩波書店、２００９）

『ローマ五賢帝——「輝ける世紀」の虚像と実像』（南川高志、講談社現代新書、１９９８）

『ローマ人の物語　終わりの始まり（上）（中）（下）』（塩野七生、新潮文庫、２００７）

『現代思想としてのギリシア哲学』（古島哲明、ちくま学芸文庫、２００５）

『自己のテクノロジー』（ミシェル・フーコー、岩波現代文庫、２００４）

『ストア派哲学入門——成功者が魅了される思考術』（ライアン・ホリデイ、パンローリング、２０１７）

『Stoicism and the Art of Happiness（Teach Yourself）』（Donald Robertson, John Murray Learning, 2018）

超訳　自省録 よりよく生きる

発行日　2019年　4月30日　第1刷
　　　　2020年　8月15日　第2刷

Author　マルクス・アウレリウス
Translator　佐藤けんいち

Book Designer　松田行正　倉橋弘

Publication　株式会社ディスカヴァー・トゥエンティワン
〒102-0093　東京都千代田区平河町2-16-1 平河町森タワー 11F
TEL　03-3237-8321（代表）03-3237-8345（営業）
FAX　03-3237-8323　http://www.d21.co.jp

Publisher　谷口奈緒美
Editor　藤田浩芳

Publishing Company
蛯原昇　梅本翔太　千葉正幸　原典宏　古矢薫　佐藤昌幸　青木翔平
大竹朝子　小木曽礼丈　小田孝文　小山怜那　川島理　川本寛子
越野志絵良　佐竹祐哉　佐藤淳基　志摩麻衣　竹内大貴　滝口景太郎
直林実咲　野村美空　橋本莉奈　廣内悠理　三角真穂　宮田有利子
渡辺基志　井澤徳子　藤井かおり　藤井多穂子　町田加奈子

Digital Commerce Company
谷口奈緒美　飯田智樹　大山聡子　安永智洋　岡本典子　早水真吾
三輪真也　磯部隆　伊東佑真　王廳　倉田華　小石亜季　榊原僚
佐々木玲奈　佐藤サラ圭　庄司知世　杉田彰子　高橋雛乃　辰巳佳衣
谷中卓　中島俊平　西川なつか　野﨑竜海　野中保奈美　林拓馬
林秀樹　牧野類　三谷祐一　元木優子　安永姫菜　中澤泰宏　青木涼馬
副島杏南　羽地夕夏　八木眸

Business Solution Company
蛯原昇　志摩晃司　藤田浩芳　野村美紀　南健一

Business Platform Group
大星多聞　小関勝則　堀部直人　小田木もも　斎藤悠人　山中麻吏
福田章平　伊藤香　葛目美枝子　鈴木洋子

Company Design Group
松原史与志　岡村浩明　井筒浩　井上竜之介　奥田千晶　田中亜紀
福永友紀　山田諭志　池田望　石光まゆ子　石橋佐知子　齋藤朋子
俵敬子　丸山香織　宮崎陽子

Printing　共同印刷株式会社

本書へのご意見ご感想は下記からご送信いただけます。
http://www.d21.co.jp/inquiry/

ISBN978-4-7993-2469-1　

最後までお読みいただき、ありがとうございます。
本書を通して、何か発見はありましたか？
ぜひ、感想をお聞かせください。

いただいた感想は、著者と編集者が拝読します。

また、ご感想をくださった方には、お得な特典をお届けします。